Metaverse kompakt

Ralf T. Kreutzer · Sonja Klose

Metaverse kompakt

Begriffe, Konzepte, Handlungsoptionen

Ralf T. Kreutzer
Hochschule für Wirtschaft und Recht
Berlin, Deutschland

Sonja Klose
Hochschule für Wirtschaft und Recht
Berlin, Deutschland

ISBN 978-3-658-40437-6   ISBN 978-3-658-40438-3   (eBook)
https://doi.org/10.1007/978-3-658-40438-3

Die Deutsche Nationalbibliothek verzeichnet diese Publikation in der Deutschen Nationalbibliografie; detaillierte bibliografische Daten sind im Internet über http://dnb.d-nb.de abrufbar.

© Der/die Herausgeber bzw. der/die Autor(en), exklusiv lizenziert an Springer Fachmedien Wiesbaden GmbH, ein Teil von Springer Nature 2023
Das Werk einschließlich aller seiner Teile ist urheberrechtlich geschützt. Jede Verwertung, die nicht ausdrücklich vom Urheberrechtsgesetz zugelassen ist, bedarf der vorherigen Zustimmung des Verlags. Das gilt insbesondere für Vervielfältigungen, Bearbeitungen, Übersetzungen, Mikroverfilmungen und die Einspeicherung und Verarbeitung in elektronischen Systemen.
Die Wiedergabe von allgemein beschreibenden Bezeichnungen, Marken, Unternehmensnamen etc. in diesem Werk bedeutet nicht, dass diese frei durch jedermann benutzt werden dürfen. Die Berechtigung zur Benutzung unterliegt, auch ohne gesonderten Hinweis hierzu, den Regeln des Markenrechts. Die Rechte des jeweiligen Zeicheninhabers sind zu beachten.
Der Verlag, die Autoren und die Herausgeber gehen davon aus, dass die Angaben und Informationen in diesem Werk zum Zeitpunkt der Veröffentlichung vollständig und korrekt sind. Weder der Verlag, noch die Autoren oder die Herausgeber übernehmen, ausdrücklich oder implizit, Gewähr für den Inhalt des Werkes, etwaige Fehler oder Äußerungen. Der Verlag bleibt im Hinblick auf geografische Zuordnungen und Gebietsbezeichnungen in veröffentlichten Karten und Institutionsadressen neutral.

Das Umschlagbild wurde mit Hilfe von KI erstellt.

Planung/Lektorat: Angela Meffert
Springer Gabler ist ein Imprint der eingetragenen Gesellschaft Springer Fachmedien Wiesbaden GmbH und ist ein Teil von Springer Nature.
Die Anschrift der Gesellschaft ist: Abraham-Lincoln-Str. 46, 65189 Wiesbaden, Germany

Ein Denkanstoß:
Nostalgie ist ein Gefühl – kein Geschäftsmodell!

Vorwort

Liebe Leserin, lieber Leser,
nach dem Frühstück Fahrrad fahren in den französischen Alpen, danach ein Meeting mit dem Team direkt in der Maschine, um die Abläufe auf Optimierungspotenzial zu überprüfen. Lunch mit Freunden aus aller Welt am Strand. Nachmittags kurz schauen, wie viele Menschen das in der Freizeit erstellte Spiel bei *Roblox* gespielt haben, und prüfen, ob die Einnahmen für den neuen Avatar-Anzug ausreichen. Abends ein Konzert in den USA besuchen, bevor eine Meditation im Bild „Sternennacht" von *Vincent van Gogh* beim Einschlafen helfen soll. Und alles aus der eigenen Wohnung.

Wird so das Metaverse aussehen? Wir wissen es noch nicht. Jetzt, Anfang 2023, ist das Metaverse zunächst eine Idee oder ein Versprechen. Wir versuchen also mit diesem Buch, eine Vision greifbar, vorstellbar, eben kompakt zu machen. Was wir beschreiben, kann so zutreffen – es kann sich auch alles etwas anders entwickeln, oder ganz anders, oder gar nicht. Genau wie beim Internet ist es zu diesem Zeitpunkt schwierig vorherzusagen, welche Entwicklungen und Technologien von welchen Personen und Unternehmen in welcher Art und Weise erstellt und kombiniert werden.

Daher ist dieses Buch ein erster Aufschlag, um die Auseinandersetzung mit dem Metaverse in Wissenschaft und Praxis voranzutreiben. Es wird nicht der letzte sein! Wir glauben, dass das Metaverse unsere Welt in einer noch nicht vorstellbaren Weise beeinflussen und verändern wird. Nicht unbedingt mit einem großen Knall, aber durch inkrementelle technologische und inhaltliche (Weiter-)Entwicklungen. Und darauf sind wir gespannt.

Und eines möchten wir Ihnen empfehlen: Ignorieren Sie diese Entwicklungen nicht! Es müssen ja nicht gleich umfassende Investitionen ins Metaverse getätigt werden. Aber ein paar Fingerübungen würden wir Ihnen doch anraten. Damit Sie schon an Bord sind, wenn der Zug tatsächlich Fahrt aufnimmt. Außerdem kann es Ihnen auch beim Employer Branding zu Vorteilen verhelfen, wenn sichtbar wird, dass Sie sich mit spannenden Zukunftsthemen beschäftigen.

Wir wünschen Ihnen inspirierenden Lesespaß!

Ralf T. Kreutzer
Sonja Klose

Inhaltsverzeichnis

1 Worum es geht 1
  1.1 Der bisherige Weg zu einem Metaverse 1
  1.2 Definition Metaverse 8
  1.3 Charakteristika des Metaverse 13
    1.3.1 Immersion 13
    1.3.2 Quasi-Echtzeit 14
    1.3.3 Synchronität 15
    1.3.4 Persistenz 17
    1.3.5 Interoperabilität 17
    1.3.6 Dezentralität 19
    1.3.7 Soziales System 19
  1.4 Marktpotenzial 20
  Literatur 23

2 Wo wir stehen 27
  2.1 Hype Cycle for Emerging Tech als Orientierungsrahmen 27
  2.2 Kurze Geschichte des Internets 29
  2.3 Proto-Metaverse 32

	2.3.1	Geschichte des Proto-Metaverse	33
	2.3.2	Angebote und Aktivitäten im Proto-Metaverse	35
		2.3.2.1 Überblick über Ausprägungen des Proto-Metaverse	35
		2.3.2.2 Horizon Worlds und Horizon Workrooms	41
		2.3.2.3 Decentraland	45
		2.3.2.4 The Sandbox	47
		2.3.2.5 Second Life	48
		2.3.2.6 Roblox	49
		2.3.2.7 Fortnite	50
		2.3.2.8 Minecraft	51
		2.3.2.9 Upland	52
Literatur			54

3 Was wir benötigen — 57
3.1 Übersicht: wichtige Komponenten des Metaverse — 57
3.2 Inhalte und Use Cases im Metaverse — 58
   3.2.1 Arbeiten im Metaverse — 61
   3.2.2 Bildung im Metaverse — 69
   3.2.3 Freizeit im Metaverse — 74
   3.2.4 Shopping im Metaverse — 77
   3.2.5 Gesundheit im Metaverse — 83
   3.2.6 Umwelt im Metaverse — 86
3.3 Infrastruktur für das Metaverse — 88
   3.3.1 Hardware — 88
   3.3.2 Geräteunabhängigkeit — 91
   3.3.3 Netzwerke und Cloud-Infrastruktur — 93
   3.3.4 Rechenleistung — 94
   3.3.5 Standards — 95
3.4 Technologien für das Metaverse — 98
   3.4.1 Erweiterte und virtuelle Welten — 98
   3.4.2 Blockchain — 103
   3.4.3 Künstliche Intelligenz – Artificial Intelligence — 106
   3.4.4 Game Engine und digitale Ökosysteme — 108

3.5 Monetarisierung innerhalb des Metaverse ... 112
   3.5.1 Payment ... 112
   3.5.2 Digitale Assets ... 113
   3.5.3 Digitale Währungen – Krypto-Währungen ... 114
   3.5.4 Crypto Wallets ... 116
   3.5.5 Digitale Marktplätze ... 117
3.6 Regulierung im Metaverse ... 119
   3.6.1 Identitätsmanagement ... 119
   3.6.2 Cybersecurity ... 121
   3.6.3 Datenschutz ... 123
   3.6.4 Regeln und Vollstreckungsmechanismen ... 125
Literatur ... 126

4 Wohin die Reise geht ... 133
4.1 Ausblick ... 133
4.2 Metaverse-Journey für das eigene Unternehmen ... 140
4.3 Einschätzungen zum Metaverse aus verschiedenen Branchen ... 143
Literatur ... 152

Stichwortverzeichnis ... 155

Über die Autoren

Prof. Dr. Ralf T. Kreutzer ist seit 2005 Professor für Marketing an der Hochschule für Wirtschaft und Recht/Berlin School of Economics and Law. Parallel ist er als Trainer, Coach sowie als Marketing und Management Consultant tätig. Er war 15 Jahre in verschiedenen Führungspositionen bei Bertelsmann (letzte Position Direktor des Auslandsbereichs einer Tochtergesellschaft), Volkswagen (Geschäftsführer einer Tochtergesellschaft) und der Deutschen Post (Geschäftsführer einer Tochtergesellschaft) tätig, bevor er 2005 zum Professor für Marketing berufen wurde.

Prof. Kreutzer hat durch regelmäßige Publikationen und Keynote-Vorträge (u. a. in Deutschland, Österreich, Schweiz, Frankreich, Belgien, Singapur, Indien, Japan, Russland, USA) maßgebliche Impulse zu verschiedenen Themen rund um Marketing, Dialog-Marketing, CRM/Kundenbindungssysteme, Database-Marketing, Online-Marketing, Social-Media-Marketing, Digitaler Darwinismus, Digital Branding, Dematerialisierung, Change-Management, digitale Transformation, Künstliche Intelligenz, Agiles Management, strategisches sowie internationales Marketing gesetzt und eine Vielzahl von Unternehmen im In- und Ausland in diesen Themenfeldern beraten. Zusätzlich ist Prof. Kreutzer als Trainer und Coach im Einsatz.

Seine jüngsten Buchveröffentlichungen sind „Toolbox für Marketing und Management" (2018), „Toolbox for Marketing and Management" (2019), „B2B-Online-Marketing und Social Media (2. Aufl., 2020, zusammen mit Andrea Rumler und Benjamin Wille-Baumkauff), „Voice-Marketing" (2020, zusammen mit Darius Vousoghi), „Die digitale Verführung" (2020), „Kundendialog online und offline" (2021), „Praxisorientiertes Online-Marketing" (4. Aufl., 2021), „Toolbox für Digital Business" (2021), „Social-Media-Marketing kompakt" (2. Aufl., 2021), „E-Mail-Marketing kompakt" (2. Aufl., 2021), „Online-Marketing – Studienwissen kompakt (3. Aufl., 2021), „Online Marketing" (2022), „Digitale Markenführung" (2022, zusammen mit Karsten Kilian), „Praxisorientiertes Marketing" (6. Aufl., 2022) und „Toolbox Digital Business" (2022).

Kontakt:

Prof. Dr. Ralf T. Kreutzer,

Professor für Marketing an der Hochschule für Wirtschaft und Recht, Berlin, sowie Trainer, Coach und Marketing und Management Consultant,

Alter Heeresweg 36,
53639 Königswinter,
0171-8668285,
kreutzer.r@t-online.de,
www.ralf-kreutzer.de

Über die Autoren XV

Prof. Dr. Sonja Klose ist seit 2017 Marketingprofessorin sowie Trainerin, Mentorin und Coach. Darüber hinaus verfügt sie über viele Jahre Erfahrung als Marketing-Führungskraft verschiedener Berliner Start-ups aus den Bereichen Business Intelligence, InsureTech und Digital Health. Ihre Schwerpunkte liegen in den Bereichen Online- und Offline-Marketing, Social Media und CRM, jeweils im B2B- und B2C-Umfeld. Ihr jüngstes Projekt, ein Beitrag in der Buchreihe „Esportpedia", befasst sich mit Optionen der Vermarktung in der Welt des elektronischen Sports.

Kontakt:

Prof. Dr. Sonja Klose,

Professorin für Marketing an der Hochschule für Wirtschaft und Recht, Berlin, sowie Trainerin, Mentorin und Coach,

Badensche Str. 52, 10825 Berlin,

sonja.klose@hwr-berlin.de

Abkürzungsverzeichnis

AI	Artificial Intelligence
AR	Augmented Reality
B2B	Business-to-Business
B2C	Business-to-Consumer
BBC	British Broadcasting Corporation
BCG	Boston Consulting Group
BPM	Beats per Minute
BSI	Bundesamt für Sicherheit in der Informationstechnik
BVDW	Bundesverband Digitale Wirtschaft e. V.
CEO	Chief Executive Officer
CES	Computer Electronics Show
CSS	Cascading Style Sheets
D2C	Direct-to-Costumer
D2C2B	Direct-to-Costumer-to-Business
DAO	Dezentralisierte autonome Organisation
DAU	Daily Active Users
DBE	Digital Business Ecosystems
DevEx	Developer Exchange
DIT	Digital Identity Theft
DMA	Digital Markets Act
DSA	Digital Services Act

Abkürzungsverzeichnis

DSGVO	Datenschutz-Grundverordnung
eWPG	elektronisches Wertpapiergesetz
FMCG	Fast Moving Consumer Goods
GPU	Graphics Processing Unit
GTA	Grand Theft Auto
HR	Human Resources
HTML	Hypertext Markup Language
IMU	Inertial Measurement Unit
iOS	Internetwork Operating System
IP	Internet Protocol
KI	Künstliche Intelligenz
MiCA	Markets in Crypto-Assets
MMORPG	Massively Multiplayer Online Role-Playing Game
MR	Mixed Reality
MSFS	Microsoft Flight Simulator
MUD	Multi-User Dungeon
MVFW	Metaverse Fashion Week
NFC	Near Field Communication
NFT	Non-Fungible Token
PCX	Physical Customer Experience
PPG	Photoplethysmografie
PRV	Pulsfrequenzvariabilität
PwC	PricewaterhouseCoopers
SCX	Synthetic Customer Experience
SDO	Standards Developing Organisation
SpO_2	Arterielle Sauerstoffsättigung
SSI	Self-Sovereign Identity
SSO	Single Sign-on
TCP	Transmission Control Protocol
TINA	There is no Alternative
TLD	Top Level Domain
UGC	User-generated Content
URL	Uniform Resource Locator
VBF	Virtual Boyfriend
VGF	Virtual Girlfriend
VR	Virtual Reality
XR	Extended Reality

Abbildungsverzeichnis

Abb. 1.1	Suchergebnis nach „Metaverse" bei *Google Trends*	2
Abb. 1.2	GenZ und Millennials zeigen in den USA das stärkste Interesse am Metaverse. (Quelle: Basierend auf Aiello et al., 2022)	4
Abb. 1.3	Beim Metaverse ist die deutsche Wirtschaft gespalten (n = 604; Angaben in %). (Quelle: Bitkom, 2022a)	5
Abb. 1.4	Charakteristika des Metaverse	11
Abb. 1.5	Position der Branchen auf der Innovationskurve	22
Abb. 2.1	Entwicklung des Internets: von Web 1.0 zu Web 3.0	30
Abb. 2.2	Bisherige Meilensteine des Metaverse	34
Abb. 2.3	Monatlich aktive Nutzende ausgewählter Plattformen. (Quelle: In Anlehnung an Ebert et al., 2022, S. 13)	41
Abb. 2.4	Mark's Riverboat. (Quelle: Meta, 2021a)	43
Abb. 2.5	Beispiel eines Horizon Workrooms. (Quelle: Meta, 2021b)	44
Abb. 2.6	Optionen zur Erschaffung eines Avatars. (Quelle: Decentraland, 2022)	46
Abb. 2.7	Splash Screen von *The Sandbox*. (Quelle: Mit freundlicher Genehmigung von © The Sandbox)	47
Abb. 2.8	Virtuelle Umgebung in *Second Life*. (Quelle: IGDB, 2022a)	48
Abb. 2.9	Flora und Fauna in *Minecraft*. (Quelle: IGDB, 2022b)	52
Abb. 2.10	*Upland* in der Weihnachtszeit. (Quelle: Mit freundlicher Genehmigung von © *Upland*)	53

Abb. 3.1	Übersicht der Komponenten für das Metaverse	59
Abb. 3.2	PwC Virtual Spaces. (Quelle: Lukas, 2022)	63
Abb. 3.3	Projekt für Bühler Motor. (Quelle: Ostler, 2022)	67
Abb. 3.4	Ansicht der virtuellen Höhle. (Quelle: Rehm & Seyfried, 2022)	72
Abb. 3.5	Kategorisierung von Avataren. (Quelle: In Anlehnung an Miao et al., 2022, S. 78)	78
Abb. 3.6	Virtuelles Training im Metaverse. (Quelle: Eigenes Foto)	85
Abb. 3.7	Autorin mit VR Headset. (Quelle: Eigenes Foto)	92
Abb. 3.8	Prototyp, um im Metaverse olfaktorische Reize zu vermitteln. (Quelle: Eigenes Foto)	97
Abb. 3.9	XR-Framework. (Quelle: vgl. Rauschnabel et al., 2022)	99
Abb. 3.10	Haptische Weste, um körperliche Reize im Metaverse zu vermitteln. (Quelle: Eigene Fotos)	104
Abb. 3.11	KI-generierter Avatar – basierend auf einem Foto	108
Abb. 3.12	Handlungsfelder der Medienkompetenz	123
Abb. 4.1	Erfolgsfaktoren beim Einsatz künstlicher Erlebnisse. (Quelle: in Anlehnung an Golf-Papez et al., 2022, S. 745–747)	138

1

Worum es geht

Zusammenfassung Obwohl der Begriff „Metaverse" bereits seit den 90er Jahren des letzten Jahrtausends existiert, lässt sich erst seit Anfang 2021 ein gesteigertes Interesse der Öffentlichkeit feststellen. Dieses Interesse ist in verschiedenen Regionen der Welt unterschiedlich stark ausgeprägt, und einige global agierende Konzerne haben aufgrund der Entwicklungen zu einem Metaverse ihre gesamte Geschäftsstrategie angepasst. Warum das so ist, was genau sich hinter dem Begriff verbirgt und welche Schritte bisher auf dem Weg zum Metaverse zurückgelegt wurden, lesen Sie hier.

1.1 Der bisherige Weg zu einem Metaverse

Die erste Erwähnung des Begriffs „Metaverse" findet sich im Roman *Snow Crash* von *Neal Stephenson* aus dem Jahr 1992. In diesem Roman wird das Metaverse als ein virtueller Raum dargestellt, durch den sich

---

Ergänzende Information Die elektronische Version dieses Kapitels enthält Zusatzmaterial, auf das über folgenden Link zugegriffen werden kann https://doi.org/10.1007/978-3-658-40438-3_1.

© Der/die Autor(en), exklusiv lizenziert an Springer Fachmedien Wiesbaden GmbH, ein Teil von Springer Nature 2023
R. T. Kreutzer und S. Klose, *Metaverse kompakt*,
https://doi.org/10.1007/978-3-658-40438-3_1

die Protagonisten und Protagonistinnen als **Avatare,** also virtuelle Kunstfiguren, bewegen. Eine Abfrage bei *Google Trends* nach dem Suchvolumen für den Begriff Metaverse ergibt jedoch, dass das weltweite Interesse daran erst seit Anfang 2021 besteht (vgl. Abb. 1.1). Allerdings lässt sich diese Abfrage auch erst seit dem Jahr 2004 durchführen, also zwölf Jahre nach Erscheinen des Romans.

Warum ist das Interesse an einem „alten" Begriff oder Konzept nach vielen Jahren auf einmal wieder erwacht? Was war der Grund hierfür? Und: Ist das Metaverse bereits in der Öffentlichkeit angekommen? Die letzte Frage kann mit einem eindeutigen Jein beantwortet werden. Das zeigen die Ergebnisse verschiedener Studien sowie die Aussagen von Managern und Managerinnen bekannter Unternehmen.

Auf Unternehmensseite macht insbesondere **Mark Zuckerberg,** der Gründer von *Facebook* und CEO von *Meta Platforms,* seit einiger Zeit deutlich, wohin seiner Meinung nach die Reise geht:

> „In this next chapter of our company, I think we will effectively transition from people seeing us as primarily being a social media company to being a metaverse company. And obviously, all of the work that we're doing across the apps that people use today contributes directly to this vision." (Newton, 2021)

Abb. 1.1 Suchergebnis nach „Metaverse" bei *Google Trends*

Um diese Neuorientierung zu unterstreichen, erfolgte sogar die Umbenennung des *Facebook*-Konzerns in **Meta Platforms**. *Meta* hat bereits einen **Entwicklungsplan mit konkreten Milestones** für die nächsten 15 Jahre erarbeitet. Um die dort definierten Ziele zu erreichen, sollen Jahr für Jahr 15 Mrd. US$ investiert werden – allein vom Unternehmen *Meta* (vgl. Busch, 2022). Die **Meta-Morphose** hat begonnen!

Doch ist *Meta Platforms* bei Weitem nicht das einzige Unternehmen, das sich mit Nachdruck auf den Weg ins Metaverse begeben hat: *Satya Nadella*, CEO von **Microsoft**, spricht seit letztem Jahr vom Metaverse als „the next wave of the internet". Auf dieser Welle will *Microsoft* sowohl in Bezug auf Unternehmenslösungen wie *Mesh*, *Teams* und *Azure* als auch im Bereich Gaming surfen. „We're going to invest across the entire tech stack", so *Nadella* (vgl. Evans, 2022). Der CEO und Gründer von **Nvidia**, *Jensen Huang*, sieht sein Unternehmen mit dem *Omniverse* bereits an der Schwelle zum Metaverse: „I believe we're right on the cusp of it. The metaverse, as you know, for all of you who are learning about it and hearing about it, it's a virtual world that connects to the world that we live in. […] and that's the reason why we invented the *Nvidia Omniverse*" (Takahashi, 2021).

Die Begeisterung für das Metaverse sowie die Kommunikationsfreude auf Unternehmensseite führen dazu, dass das Thema Metaverse in den USA bereits in der Öffentlichkeit bekannt ist und dort vielfach Begeisterung hervorruft, wie eine *McKinsey*-Studie zeigt (vgl. Abb. 1.2).

Laut dieser Studie von McKinsey (Aiello et al., 2022), innerhalb derer 1000 Privatpersonen zwischen 13 und 70 Jahren aus den **USA** befragt wurden, ist die **Generation Z** allerdings nicht die einzige Generation, die die Vorteile des Metaverse nutzen möchte. Die Untersuchung zeigt ein hohes Bewusstsein und Interesse am Metaverse über eine große Altersspanne hinweg. Die **Millennials** sind sich des Metaverse am ehesten bewusst: Zwei Drittel gaben an, schon einmal davon gehört zu haben. Die Hälfte der Millennials äußerte sich begeistert darüber. Die Generation Z und die **Generation X** folgen dicht dahinter. Knapp die Hälfte der **Babyboomer** in den USA kennt den Begriff Metaverse.

Betrachtet man im Gegensatz dazu die Situation in **Deutschland**, sieht es sowohl bei den Unternehmen als auch bei den Privatpersonen

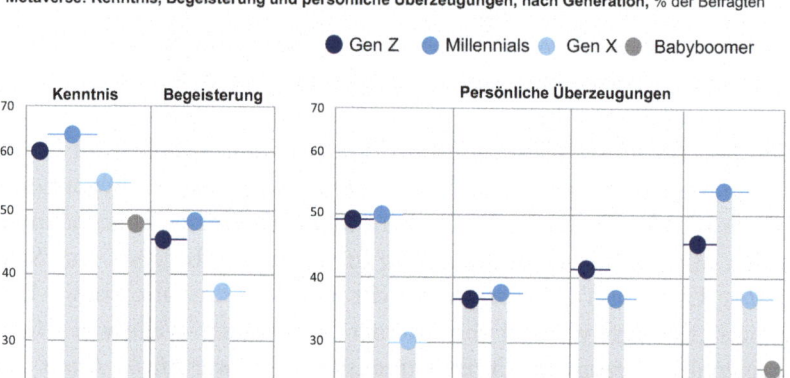

Abb. 1.2 GenZ und Millennials zeigen in den USA das stärkste Interesse am Metaverse. (Quelle: Basierend auf Aiello et al., 2022)

noch ganz anders aus. Laut einer Studie der *Universität der Bundeswehr München,* innerhalb derer 151 Manager und Managerinnen aus dem Bereich Marketing befragt wurden, haben knapp 22 % den Begriff Metaverse noch nie gehört. Nur weniger als 9 % sind mit dem Begriff sehr vertraut. 82 % der Befragten schätzen ihren persönlichen Wissensstand zu Metaverse als (unter)durchschnittlich ein. Den Wissensstand in der eigenen Organisation schätzen sogar 92 % als (unter)durchschnittlich ein. Über die Hälfte der Befragten sieht generell eine unterdurchschnittliche Relevanz des Themas Metaverse (vgl. Rauschnabel, 2022).

Der Digitalverband *Bitkom* fand in einer repräsentativen Befragung von 604 Unternehmen ab 20 Beschäftigten in Deutschland Ähnliches heraus (vgl. Abb. 1.3): Zwar steht rund jedes vierte Unternehmen dem Thema generell interessiert und aufgeschlossen gegenüber. Ähnlich viele sehen das Metaverse aber kritisch und stehen diesem Thema

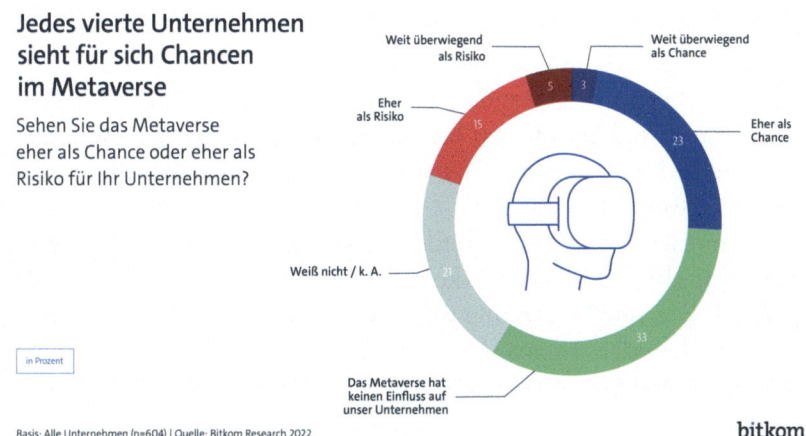

Abb. 1.3 Beim Metaverse ist die deutsche Wirtschaft gespalten (n = 604; Angaben in %). (Quelle: Bitkom, 2022a)

ablehnend gegenüber. 34 % sind noch unentschieden. Ein Viertel der Befragten sieht im Metaverse eine Chance für das eigene Unternehmen, ein Fünftel dagegen ein Risiko. Ein Drittel geht nach der *Bitkom*-Studie davon aus, dass das Metaverse gar keinen Einfluss auf das eigene Unternehmen haben wird (vgl. Bitkom, 2022a).

Analog zur Situation in den USA spiegelt sich die verhaltene Betrachtungsweise auf Unternehmensseite (und damit auch in der öffentlichen Berichterstattung) in Deutschland auch in der Bekanntheit des Metaverse in der breiten Öffentlichkeit wider. Es kann festgestellt werden, dass das Metaverse zumindest in **Deutschland** wenig bekannt ist. Dieses Ergebnis wurde u. a. durch eine weitere **repräsentative** *Bitkom*-**Studie** unter 1005 Privatpersonen in Deutschland ab 16 Jahren ermittelt (vgl. Bitkom, 2022b):

- Bisher haben in Deutschland erst 17 % von Metaverse gehört oder gelesen.
- Im Zuge dieser Studie wurde auch eine kurze Erläuterung zum Metaverse gegeben. Im Anschluss fanden 34 % das Konzept grundsätzlich spannend.

- Nach der Erklärung wären jetzt auch 37 % bereit, eine VR-Brille für den Einstieg in das Metaverse zu verwenden.
- 24 % der Befragten gehen davon aus, dass sich in Zukunft weite Teile des privaten und beruflichen Lebens im Metaverse zutragen werden.
- Lediglich 19 % glauben, dass das Metaverse die Menschen näher zusammenbringen wird.
- Insgesamt kann festgestellt werden, dass das Metaverse für die große Mehrheit der Bevölkerung (konkret 81 %) eine noch weit in der Zukunft liegende Vorstellung ist.
- 42 % halten das Thema Metaverse sogar nur für einen vorübergehenden Hype.

> **Merk-Box**
>
> Das Thema Metaverse hat Stand heute in Deutschland noch nicht dieselbe Bedeutung erlangt wie in den USA.

In der Öffentlichkeit und der Unternehmenswelt wird dieses Thema zwar wahrgenommen, allerdings nicht als relevant für das eigene Leben bzw. das eigene Unternehmen eingestuft. Nichtsdestotrotz stuft der *Bitkom* die Relevanz des Metaverse als sehr hoch ein, denn „die Grenzen unserer Welt erweitern sich gerade" (Bitkom, 2022c, S. 7). Folgende **Treiber des Metaverse** führen dazu, dass das Thema ausgerechnet zu diesem Zeitpunkt immer mehr Aufmerksamkeit erhält (vgl. Bitkom, 2022c, S. 8–9):

- **Markt-Timing**
  Nach zwei Jahren Corona-Pandemie und der zunehmenden Verlängerung des Arbeitsplatzes vom Büro in die Cloud hat das Konzept, für die Arbeit nicht mehr an einen Ort gebunden sein zu müssen, einen extremen Schub nach vorne bekommen. Das begünstigt die Entwicklung hin zur Arbeit in virtuellen Welten und damit auch das Metaverse.
- **Generational Readiness**
  Zudem wachsen jetzt Generationen (Z und Alpha) nach bzw. sind jetzt unterwegs, die bereits heute ganz anders interagieren und für

die die virtuelle Welt seit Jahren Bestandteil ihrer eigenen Identität ist. Zugehörige dieser Generationen sind bereits Teil der sogenannten Creator Community.
- **Relevanz digitaler Inhalte**
Der Wert von digitalen Inhalten hat inzwischen eine enorme Bedeutung erlangt. Wer erinnert sich noch an den Flop von Second Life in den Nullerjahren? Mittlerweile werden durch die Erstellung von digitalen Assets viele Milliarden verdient. Zu diesen Assets zählen virtuelle Kunstwerke oder die Ausstattung der Avatare (bspw. Kleidung, Handtaschen, Wohnungsaccessoires). Außerdem haben sich viele Nutzerinnen und Nutzer in Computerspielen schon länger daran gewöhnt, für virtuelle Gegenstände reales Geld auszugeben.
- **Technische Voraussetzungen**
Augmented Reality (AR) und Virtual Reality (VR) haben die nötige technische Reife erreicht und gewinnen an Verbreitung (vgl. vertiefend Abschn. 3.4.1). Ein Beispiel: *Oculus* sprang an Weihnachten 2021 auf Platz 1 der kostenlosen Apps im *iOS* App Store. Hinzu kommt die Verbreitung neuer Technologien wie Blockchain und NFTs (Non-Fungible Tokens), die für eine digitale Identität wichtig sind. Blockchain erlaubt Ownership und Interoperabilität digitaler Assets und ermöglicht damit eine digitale Ökonomie im Metaverse. Kauf und Verkauf und weitere Finance Use Cases können abgebildet werden. Außerdem können Assets auch in verschiedenen Metaverse-Welten genutzt werden. Verschiedene Technologien und technische Anwendungsfelder beschleunigen damit die Entwicklung hin zum Metaverse.
- **Regulatorischer Rahmen**
Erst durch die Erweiterung des elektronischen Wertpapiergesetzes (eWPG) erlangen Unternehmen eine Rechtssicherheit im Umgang mit digitalen Assets. Auch das sich derzeit in Ausarbeitung befindende Rahmenkonzept Markets in Crypto-Assets (MiCA) trägt zu einer EU-weiten Harmonisierung im Umgang mit digitalen Werten sowohl in der physischen als auch in der virtuellen Welt bei. Diese rechtlichen Rahmenbedingungen sind für viele Unternehmen eine wichtige Voraussetzung für den Einstieg ins Metaverse.

1.2 Definition Metaverse

Die erste Erwähnung des Metaverse findet sich – wie bereits erwähnt – im Roman *Snow Crash* von *Neal Stephenson*. Der Autor beschreibt das Metaverse als eine virtuelle Welt, durch die sich die Protagonisten und Protagonistinnen mittels Avataren bewegen. Diese virtuelle Welt beeinflusst deren gesamtes Leben. *Stephensons* Vision war allerdings eine dystopische. Eine **Dystopie** ist eine Vision mit negativem Ausgang. In seinem Roman führte das Metaverse folglich zu einer Verschlechterung des Lebens in der realen Welt. Spannend ist, dass der Begriff Metaverse heute für eine Vision steht, die zu einem positiven Ergebnis führen soll.

Schaut man sich die etymologische – also die herkunftsbezogene – Bedeutung des Begriffes an, so setzt sich **Metaverse** (auch **Metaversum**) aus dem griechischen Präfix „meta" (über) und „verse" bzw. „versum" (universe/universum) zusammen. Es geht folglich um ein Universum, das „über" unserer analogen Welt liegt. Mit Metaverse wird die zukünftige Ausgestaltung des Internets beschrieben, die auf ein intensives und quasi grenzenloses Zusammenwirken von digitalem und analogem Leben setzt. Hierfür wird von einigen Autorinnen und Autoren auch der Begriff **Web 3.0** verwendet, wohingegen andere substanzielle Unterschiede zwischen diesen beiden Konstrukten sehen (vgl. Kap. 2).

Um sich dem Begriff **Metaverse** weiter zu nähern, stellt die folgende Übersicht bereits existierende Definitionen vor.

> **Definitionen des Begriffs „Metaverse"**
>
> - Ball (2022):
>   „The Metaverse is a massively scaled and interoperable network of real-time rendered 3D virtual worlds that can be experienced synchronously and persistently by an effectively unlimited number of users with an individual sense of presence, and with continuity of data, such as identity, history, entitlements, objects, communications, and payments."
> - BVDW (2022):
>   „Die ultimative Vision des Metaverse ist ein **dezentralisiertes, interoperables, beständiges** und **mit allen Sinnen wahrnehmbares**, digitales **Ökosystem** mit **unbegrenzter Nutzerkapazität**. Es wird sowohl in einer

erweiterten (**AR**) als auch in einer rein virtuellen Realität (**VR**) mit der physischen Welt **koexistieren**. Das voll entwickelte Metaverse wird **mit dem realen Leben verschmelzen** und **unsere Gesellschaft** und die Art und Weise, wie wir uns vernetzen, miteinander arbeiten, leben und mit Marken interagieren, **grundlegend verändern.**"
[Alle Hervorh. d. Verf.]
- Dwivedi et al. (2022):
„The Metaverse has been described as a new **iteration of the internet** that utilises **VR** headsets, **blockchain technology** and **avatars** within a new **integration** of the physical and virtual worlds."
[Alle Hervorh. d. Verf.]
- Elmasry et al. (2022):
„At its most basic, the Metaverse will have three features:
  - a sense of **immersion**
  - **real-time** interactivity
  - user agency
Ultimately, the full vision of the Metaverse will also include the following:
  - **interoperability** across platforms and devices
  - **concurrency** with thousands of people interacting **simultaneously**
  - **use cases** spanning human activity well **beyond gaming**"
[Alle Hervorh. d. Verf.]
- Satya Nadella (Evans, 2022):
„The Metaverse is the next wave of the **internet.**"
[Hervorh. d. Verf.]
- Mark Zuckerberg (Forbes, 2021)
„The Metaverse is an **embodied internet** that you are inside of, where **avatars** and **digital objects** are central to self-expression and lead to entirely new experiences and economic opportunities."
[Alle Hervorh. d. Verf.]
- Gartner (Gupta, 2022):
„Das Metaverse ist ein **kollektiver virtueller Freiraum,** der durch die **Konvergenz** der virtuell erweiterten physischen und digitalen Realität entsteht. Es ist **physisch beständig** und bietet erweiterte **immersive Erlebnisse.** Mit anderen Worten: Es ist **geräteunabhängig** und **gehört keinem einzelnen Anbieter.** Es ist eine unabhängige virtuelle Wirtschaft, die durch **digitale Währungen** und **nicht-fungible Token (NFTs)** ermöglicht wird."
[Alle Hervorh. d. Verf.]
- Hennig-Thurau et al. (2022):
„The ‚metaverse' [is] a new **computer-mediated environment** in which people act and communicate with each other in **real-time** via avatars in virtual ‚worlds' [...]"
[Alle Hervorh. d. Verf.]

- Tim Sweeney (Park, 2021):
  „The Metaverse [is] an **expansive, digitized communal space** where users can **mingle freely** with brands and one another in ways that permit self-expression and spark joy. It [will] be a kind of online playground where users join friends to play a multiplayer game like Epic's ‚Fortnite' one moment, watch a movie via Netflix the next and then bring their friends to test drive a new car that's crafted exactly the same in the real world as it would be in this virtual one."
  [Alle Hervorh. d. Verf.]
- Rauschnabel (2022):
  – „Vision der Weiterentwicklung des heutigen Internets hin zu einem dezentralisierten, persistenten, interoperablen und dreidimensionalen Internet, welches Eigenschaften von Gesellschaften widerspiegelt (bspw. Handel, Währungen, Präsenz von Menschen in Form von Avataren)
  – Zugang über XR
  – [Stand heute] existiert diese Form noch nicht
  – Aktuelle ‚Vorläufer' beschränken sich häufig auf die Präsenz von Menschen in virtuellen Welten"
- Jensen Huang (Takahashi, 2021):
  „The Metaverse, as you know, for all of you who are learning about it and hearing about it, it's a **virtual world** that **connects** to the world that we live in. It's a virtual world that is shared by a lot of people. It has **real design**. It has a **real economy**. You have a **real avatar**."
  [Alle Hervorh. d. Verf.]
- Hackl et al. (2022):
  „The metaverse represents the top-level hierarchy of **persistent virtual spaces** that may also *interpolate in real life, so that social, commercial and personal experiences emerge through* **Web 3.0 technologies**." [Alle Hervorh. d. Verf.]

Obwohl diese Definitionen sich hinsichtlich ihres Detaillierungsgrades und teilweise auch inhaltlich unterscheiden, können bereits **Charakteristika des Metaverse** identifiziert werden (vgl. Abb. 1.4).

Die in Abb. 1.4 gezeigten **Charakteristika des Metaverse** werden nachfolgend konkretisiert:

- Der Begriff **Immersion** steht für das „Eintauchen" in eine dreidimensionale virtuelle Welt bzw. eine Kombination aus analoger und virtueller Welt mittels Extended Reality (XR) und Avataren.
- Die ortsunabhängige Interaktivität kann in **Quasi-Echtzeit** erfolgen.

1 Worum es geht

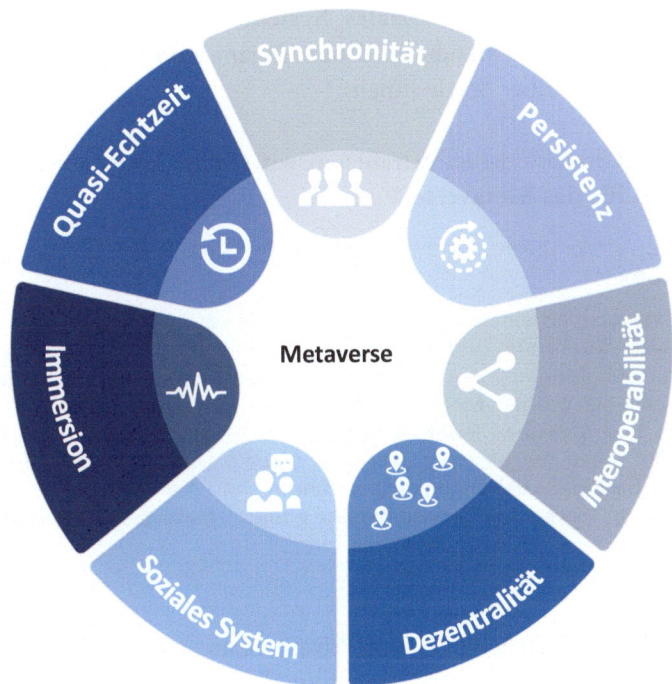

Abb. 1.4 Charakteristika des Metaverse

- Durch die **Synchronität** bestehen keine Grenzen mehr für eine gleichzeitige Nutzung durch eine Vielzahl von Menschen. Diese können am selben Ort des Metaverse gleichzeitig interagieren.
- Mit **Persistenz** wird beschrieben, dass das Metaverse und die eigene Account-Historie unabhängig von einzelnen oder mehreren Unternehmen bestehen können.
- Die plattform- und geräteübergreifende **Interoperabilität** ermöglicht, dass einzelne Ausprägungen des Metaverse (bspw. Avatare oder virtuelle Güter) in verschiedenen Systemen eingesetzt werden können.
- Die **Dezentralität** verdeutlicht, dass das Metaverse geräte- und organisationsunabhängig ist und folglich auch niemandem „gehört".

- Das Metaverse ist ein **soziales System,** in dem sich Menschen begegnen und miteinander und mit Organisationen agieren können – und das weit über Spiele hinaus.

Aus diesen Charakteristika extrahieren wir die folgende – vorläufige – **Definition für das Metaverse:**

> **Merk-Box**
>
> Das **Metaverse** als eine nächste Evolutionsstufe des Internets ist ein interoperables, dezentrales und persistentes Netzwerk aus virtuellen, in Quasi-Echtzeit aus Rohdaten entwickelten dreidimensionalen Welten, welches einer beliebig großen Menge an Nutzenden ermöglicht, dort synchron mit ein und derselben Identität wie auch mit mehreren Identitäten ein virtuelles Leben mit all seinen Facetten (Arbeit, Urlaub, Kultur, Bildung, Freundschaften, Beziehungen etc.) zu führen.
>
> Vielleicht merken wir uns auch ganz einfach: **Metaverse ist das Walk-in-Internet!**

Millionen von Unternehmen und Privatpersonen haben in den letzten Jahren bereits den Sprung von der Offline-Welt in die Online-Welt vollzogen. In der Online-Welt ist dann der Sprung von der stationären zur mobilen Nutzung des Internets erfolgt. Das Metaverse lädt jetzt zum Sprung von der zweiten in die dritte Dimension mit einer 360-Grad-Perspektive im Internet ein.

Teilweise kursiert die Aussage, dass es zukünftig **viele Metaversen** geben werde (vgl. u. a. Bottler, 2022). Dies ist unserer Ansicht nach nicht der Fall: Genau, wie es „das" Internet mit vielen verschiedenen Anwendungen, Websites und Plattformen gibt, wird es „das" Metaverse geben. Innerhalb dieses Metaverse werden sich verschiedene, interoperable Welten befinden. Folglich wird es ein Metaverse geben – mit einer Vielzahl unterschiedlicher Ausprägungen.

> **Food for Thought** Einen Masterplan für das Metaverse gibt es Stand heute nicht – und wird es wohl auch nicht geben. Schließlich sind die Dezentralität und die Einbindung der Crowd Kernelemente des Meta-

> verse. Deshalb kann heute auch noch niemand sagen, wie das Metaverse in sechs oder zwölf Monaten aussehen wird.
> Wir erinnern uns: Das Internet war zu Beginn ja auch nur eine Ansammlung verschiedener Seiten – und schwer zu nutzen. Erst Browser haben es uns ermöglicht, das große Potenzial des Internets immer weiter zu erschließen. Was oder wer wird der Game Changer im Metaverse sein?

1.3 Charakteristika des Metaverse

Nachfolgend gehen wir konkreter auf die bereits kurz angesprochenen, konstituierenden Charakteristika des Metaverse ein.

1.3.1 Immersion

Virtuelle Welten
Immersion bedeutet das „Eintauchen" in eine (teilweise) virtuelle Welt. Wird diese mittels eines entsprechenden Endgeräts betreten, so tritt das Bewusstsein der Nutzenden gegenüber der realen Umgebung in den Hintergrund. Die erlebten virtuellen Zusammenhänge werden dann situativ als real empfunden. **Extended Reality (XR)**, die Zusammenfassung der Technologien **Augmented Reality** und **Virtual Reality**, bildet das Tor zur virtuellen Welt (vgl. Kap. 3).

Häufig werden in den virtuellen Realitäten ganze Welten simuliert, in die Nutzende in unterschiedlichen Rollen eintauchen können. Mit VR gelingt die komplette Immersion und damit eine vollständige Erfahrung im Metaverse, also in einer komplett virtuellen 3D-Welt. Mit AR hingegen werden virtuelle 3D-Objekte in die reale Welt geholt. Auch diese können Ableger bzw. Inhalte des Metaverse sein (vgl. Bitkom, 2022c, S. 14). Klassische **Computerbildschirme** können ebenfalls genutzt werden, erzeugen aber kein so immersives Erlebnis wie insb. die VR-Anwendungen.

Jedes fünfte Unternehmen in Deutschland nutzt zumindest einzelne Anwendungen für **Virtual Reality** und 16 % für **Augmented Reality**.

Die Verbreitung könnte in den kommenden Jahren aber deutlich steigen: Schließlich planen oder diskutieren weitere 30 % den VR-Einsatz, 27 % die AR-Nutzung. Das ist das Ergebnis einer Befragung von 604 Unternehmen ab 20 Beschäftigten in Deutschland im Auftrag des Digitalverbands *Bitkom*. „Auch wenn sich Virtual und Augmented Reality auf dem Massenmarkt noch nicht durchgesetzt haben, gibt es für Unternehmen schon seit vielen Jahren spezialisierte Anwendungen. Dabei geht es z. B. um die Simulation von gefährlichen Situationen im Unternehmen mithilfe von VR oder das Einblenden von Wartungsanleitungen mit AR-Brillen direkt an einer Maschine", so ein AR/VR-Experte beim Bitkom (2022d).

3D

Zwar gibt es auch viele Beispiele für virtuelle Welten in 2D, aber die **Dreidimensionalität** ist eine wichtige Komponente des Metaverse. Ansonsten würden wir das Internet beschreiben, wie wir es heute schon kennen. In den 80er und 90er Jahren des letzten Jahrtausends funktionierte das Internet hauptsächlich textbasiert. In den 2000er Jahren ermöglichen die größeren Speicherkapazitäten und Bandbreiten die Nutzung von Bildern und Audiodateien. Dies führte schließlich zu den ersten sozialen Netzwerken, innerhalb derer die Menschen sich mittels (Profil-)Fotos und Statusmeldungen mitteilen konnten. Noch einmal 10 Jahre später waren die technischen Voraussetzungen ausreichend für hochauflösende Bilder und Videos, oftmals spontan aufgenommen und gepostet. Das führte wieder zu neuen Netzwerken mit veränderten und sehr viel schnelleren Kommunikationsmustern. Der nächste logische Schritt sind 3D-Inhalte. Schließlich streben Menschen danach, digitale Methoden und Modelle zu nutzen, die der Welt, wie sie sie erleben, am nächsten kommen (vgl. Ball, 2022, S. 33–34).

1.3.2 Quasi-Echtzeit

Obwohl viele der in diesem Kapitel vorgestellten Definitionen des Metaverse den Begriff **Echtzeit** verwenden, müssen wir hier Erwartungsmanagement betreiben: Schließlich gibt es eine „echte"

Echtzeit nicht. „Echtzeit" würde neben einer für alle verfügbaren riesigen Bandbreite auch eine **Latenz von 0** bedeuten. Der Begriff Latenz bedeutet Reaktionszeit und beschreibt die Zeitspanne, die zwischen einer Aktion und dem Eintreten einer sichtbaren Reaktion liegt. Eine Latenzzeit von 0 ist nach dem heutigen Stand der Technik nicht möglich. Aus diesem Grunde verwenden wir in diesem Buch den Begriff **Quasi-Echtzeit**.

Ball (2022, S. 79) vergleicht die Bandbreite der Internetverbindung mit der Anzahl an Spuren auf einer Autobahn. Latenz steht in diesem Bild für eine Geschwindigkeitsbegrenzung auf einer Spur. Bandbreite und Latenz sind für voll **immersive Erlebnisse in virtuellen Welten** notwendig. Insbesondere im professionellen E-Sport können unterschiedliche Latenzen der beteiligten Personen zu Frustration führen. Schließlich generieren Profis hier bis zu 400 sinnvolle Aktionen pro Minute, deshalb kommt es auf jede Zehntelsekunde an (vgl. Klose & Schöber, 2023, S. 51). Wenn also Spieler A auf die vorletzte und nicht die letzte Aktion von Spielerin B reagiert, weil seine Latenz höher ist, kann kein sinnvolles Spiel zustande kommen.

Wenn wir uns in virtuellen Welten bewegen, dann muss für ein immersives Erlebnis sichergestellt sein, dass diese Welten für uns jederzeit erfahrbar sind. Wie irritierend wäre es, wenn bei einer Kopfdrehung im neuen Sichtfeld nichts oder aber nur sehr verpixelte Inhalte sichtbar wären – und sich das komplette Bild erst nach einer Sekunde aufbauen würde? Durch solche Erfahrungen käme das Eintauchen in eine virtuelle Welt immer wieder zu einem ungewollten Ende.

1.3.3 Synchronität

Das Metaverse wird einer unlimitierten Anzahl von Menschen die Gelegenheit geben, gleichzeitig in virtuellen Welten zu (inter)agieren. Schließlich sind Menschen soziale Wesen. Ein Metaverse, in dem jede und jeder nur für sich allein sein und agieren kann, geht an unserem fundamentalen Bedürfnis nach Nähe und sozialer Interaktion vorbei.

Damit ein **paralleles Agieren** funktionieren kann, müssen alle Beteiligten über eine Internetverbindung mit genügender Bandbreite und geringer Latenz verfügen. Das Internet, so wie wir es heute kennen, wurde allerdings nicht für synchrone Erlebnisse geschaffen, sondern für den asynchronen Austausch von Dateien. Selbst bei „Livefeeds", die den Anschein einer kontinuierlich laufenden Interaktion erwecken, handelt es sich um statische Websites, die alle paar Sekunden upgedatet werden. Sogar Streaming-Angebote wie *Netflix* arbeiten auf dieser Basis, obwohl der Begriff „Streaming" ja gerade das Gegenteil suggeriert. *Netflix* bspw. schickt Datenpakete über unterschiedliche Pfade zu den Empfangsgeräten, bevor diese überhaupt benötigt werden. Falls es dann zu Verzögerungen bei der Übertragung kommt, bemerken die Zuschauenden nichts davon, weil die Videos trotzdem weiterlaufen (vgl. Ball, 2022, S. 49–50). Dies ist übrigens ein Grund dafür, dass Streaming sehr energieintensiv ist.

Zurzeit ist allerdings die Anzahl derjenigen noch beschränkt, die virtuelle Welten im **Proto-Metaverse** nutzen können (vgl. vertiefend Abschn. 2.3). Proto-Metaverse bezeichnet das noch junge System, aus dem sich einmal das Metaverse entwickeln wird. So konnten an der *Battle-Royale*-Variante von *Fortnite* zu Beginn nur 100 Spielende gleichzeitig teilnehmen. Das Design des Spiels sorgt aber dafür, dass trotz der anfangs 100 Teilnehmenden nicht mehr als zehn bis 20 gleichzeitig am gleichen Ort aufeinandertreffen. Hierfür sorgte das anfangs sehr große Spielfeld, die sogenannte Map. Wenn eine gewisse Anzahl Spielender bereits ausgeschieden ist, wird für die Übriggebliebenen ein großer Teil dieses Spielfelds gesperrt (vgl. Epic Games, 2020).

Eine **unbegrenzte Kapazität im Metaverse** ist der Schlüssel zu einer gemeinsamen virtuellen Realität für viele. Wie das Internet muss das Metaverse hypothetisch in der Lage sein, jedem Teilnehmenden Zugang zu gewähren, ohne die Anzahl der Personen, Erfahrungen oder Welten zu begrenzen. Diese unbegrenzte Kapazität umfasst die Verfügbarkeit von Zugangspunkten, Anmeldeservern und den Speicher für alle benutzerspezifischen Daten (vgl. BVDW, 2022).

1.3.4 Persistenz

Die analoge Welt ist zu 100 % persistent. Das bedeutet, dass es keinen **Reset** gibt, sobald man sich nicht mehr an einer bestimmten Stelle befindet. Eine Blume, die gepflückt wurde, wird nicht beim nächsten Besuch am selben Ort wieder existieren. Einen **Reset-Knopf,** den sich mancher nach missglückten Präsentationen, einem verlorenen Pitch oder einem misslungenen Date wünscht, gibt es nicht und wird es auch nie geben!

Viele der heutigen Ausprägungen des Proto-Metaverse sind allerdings noch nicht persistent. Sie resetten sich vielmehr ganz oder teilweise nach einer bestimmten Zeitspanne. Dies dient der Datenreduktion und der Vereinfachung des **Renderings,** also der Erzeugung grafischer 3D-Objekte aus Rohdaten. Das heutige Internet selbst ist persistent – die verschiedenen Angebote, wie Plattformen, Websites, Apps usw., sind es dagegen nicht.

Auch das Metaverse selbst wird persistent sein, also unabhängig von einzelnen Angeboten existieren. Nichtsdestotrotz ist es für die weitere Entwicklung von zentraler Bedeutung, die **Persistenz** auch innerhalb der einzelnen Welten sicherzustellen. Solange diese Welten „nur" Spiele sind, mag es Menschen geben, die das für überflüssig halten. Schaut man aber auf andere Einsatzgebiete wie Bildung, Gesundheit oder Arbeit, so muss sichergestellt sein, dass unsere Aktivitäten dort einen Einfluss über das nächste Update hinaus haben. Wie soll sonst die Arbeit des gestrigen Tages fortgesetzt werden, wenn sich diese im Metaverse nicht unverändert wiederfinden würde? Was wäre ein kostenpflichtig erworbenes Weiterbildungszertifikat, welches Einfluss auf das eigene Gehalt hat, noch wert, wenn es nicht jederzeit und überall Gültigkeit besitzen würde?

1.3.5 Interoperabilität

Ein zentrales Element vieler der vorgestellten Definitionen ist die Interoperabilität. Das bedeutet bspw., dass das Outfit, welches für einen Avatar in *Roblox* erworben wurde, auch in *Fortnite*, in *Minecraft*, in

Decentraland getragen, verliehen oder verkauft werden kann. Die Interoperabilität ist aber nicht nur in Bezug auf das Outfit von Bedeutung. Erst eine umfassende Interoperabilität erlaubt es, dass auch die komplette virtuelle Identität von der einen in die andere Welt „mitgenommen" werden kann.

Würden die heutigen Plattformen *Google, Facebook, Amazon, Apple, Microsoft* bereits über eine solche **datenbezogene Interoperabilität** verfügen, dann wären überall die gleichen Profilinformationen, die identische Profilhistorie sowie die Gesamtheit der Aktivitäten verfügbar – unabhängig davon, wo sich eine Person gerade aufhielte. Es geht also um eine Art **Meta-Identität** analog zu unseren physischen Pässen. Diese behalten ja auch die identischen Informationen – unabhängig davon, an welcher Grenze wir unsere Pässe vorzeigen müssen. Die Interoperabilität steht den „Walled Gardens", wie wir sie heute vor allem durch die genannten Unternehmen kennen, diametral entgegen. In diese „Walled Gardens" von *Facebook, Google* & Co. erhalten die Werbekunden oft keinen oder nur einen sehr beschränkten Einblick. Das ist Teil des Geschäftsmodells dieser Unternehmen.

Darüber hinaus spielt die **hardwarespezifische Interoperabilität** eine wichtige Rolle. Die Nutzenden sollten in der Lage sein, alle Erfahrungen unabhängig vom eingesetzten Gerät zu sammeln (vgl. BVDW, 2022). Wer sich für die VR-Brille *Meta Quest 2* entscheidet, sollte diese auch in anderen Ausprägungen des Metaverse nutzen können.

Das Internet an sich ist bereits interoperabel. Dafür sorgen Standards wie die Internet Protocol Suite (TCP/IP), Top Level Domains (TLDs) und IP-Adressen, der Uniform Resource Locator (URL). Standards für die Dateiformatierung wie .jpg, .mp3, .mp4 usw. tragen ebenfalls zu dieser Interoperabilität bei.

> **Merk-Box**
>
> Die Vision ist es, dass nicht nur das Metaverse selbst, sondern auch die Welten untereinander interoperabel sind.

1.3.6 Dezentralität

Bei der **Dezentralität** als Komponente des Metaverse scheiden sich die Geister (vgl. die Übersicht „Definitionen des Begriffs ‚Metaverse'" in Abschn. 2.1). Für die einen ist die Dezentralität eine unabdingbare Bedingung für ein Metaverse, um dominante Systeme wie *Facebook, Instagram, TikTok, WhatsApp* etc. zu vermeiden. Andere sind der Meinung, dass die Dezentralität sowie Technologien wie Blockchain oder die generelle Machtverschiebung von großen Konzernen in Richtung der Nutzenden zwar Komponenten des Web 3.0 sind, aber nicht unbedingt des Metaverse. Einigkeit herrscht allerdings darüber, dass sich Metaverse und Web 3.0 gemeinsam (komplementär) entwickeln.

Bezogen auf das Metaverse bedeutet Dezentralität die **Übertragung von Kontrolle und Entscheidungsfindung** von einer zentralisierten Einheit, etwa einer Einzelperson oder einer Organisation, auf ein verteiltes Netzwerk. Auf diese Weise können die Teilnehmenden darauf vertrauen, dass niemand Autorität oder Kontrolle über andere ausübt. Dies kann bspw. durch eine **dezentralisierte autonome Organisation (DAO)** erreicht werden. Dabei handelt es sich um eine kollektive Einheit, die den Mitgliedern der Gemeinschaft gehört und von ihnen betrieben wird. Die Gelder werden hierbei in ihrer eigenen Kasse aufbewahrt und durch intelligente Verträge geregelt. Das bedeutet, dass DAOs nicht auf Banken angewiesen sind, um ihre Gelder aufzubewahren. Es gibt keine zentrale Autoritätsperson innerhalb der Organisation. Entscheidungen werden über Vorschläge und Abstimmungen getroffen. Dezentral bedeutet somit, dass Inhalte im Metaverse von einzelnen Nutzenden erstellt, besessen und organisiert werden und es keine zentrale Gestaltungsmacht gibt (vgl. BVDW, 2022).

1.3.7 Soziales System

Bisher ging es eher um technische Aspekte des Metaverse. Doch sollten wir uns vor allem darauf konzentrieren, was Menschen zur Nutzung eines Metaverse treibt: Nicht, dass etwas technisch machbar ist, sondern der individuelle Nutzen ist das Motiv für ein Mitwirken im Metaverse. Nur wenn das Metaverse verspricht, menschliche Bedürfnisse zu erfüllen, wird es auch genutzt werden. Die Spieleindustrie zeigt uns bereits jetzt, dass es funktioniert: „Spielen hilft. Es ist ein faszinierendes Instrument, eine Methode, mit der wir Menschen uns diese Welt erschließen, Erklärungsansätze für die Fragen des Lebens erarbeiten oder Konflikte und Probleme verarbeiten" (Junge, 2020). Auch die Bedürfnisse nach menschlicher Nähe, seien es Freundschaften, Paarbeziehungen oder Sexualität, sind mächtige Motivatoren – nicht umsonst sehen einige Expertinnen und Experten den Bereich Dating als eines der wichtigsten zukünftigen Einsatzfelder des Metaverse.

> **Merk-Box**
>
> Es kommt auf ein intelligentes Zusammenwirken der verschiedenen Ingredienzen des Metaverse an, damit dieses wirklich seinen Siegeszug antreten kann.

1.4 Marktpotenzial

Bei der Einschätzung des **Marktpotenzials des Metaverse** überbieten sich die Agenturen und Marktforschungsabteilungen mit möglichen Volumina:

- Laut einer Studie von McKinsey (Elmasry et al., 2022, S. 5–7), bei der mehr als 3400 Konsumierende, Führungskräfte und Metaverse-Fachleute befragt wurden, könnte das Metaverse bis 2030 bis zu **fünf Bio. US-Dollar** an wirtschaftlichen Auswirkungen generieren. Das Metaverse kann neue Geschäftsmodelle, Produkte und Dienstleistungen ermöglichen. Zusätzlich kann es zum Engagement-Kanal sowohl im Business-to-Consumer- wie auch im Business-to-Business-Markt werden. Hierdurch können in verschiedenen Branchen größere Wachstumschancen erzielt werden. Der Markteinfluss auf den Bereich E-Commerce wird zwischen 2,0 und 2,6 Bio. US-Dollar liegen. Weiterhin wird ein Markteinfluss von 180 bis 270 Mrd. US-Dollar auf den akademischen Markt für virtuelles Lernen, 144 bis 206 Mrd. US-Dollar für den Werbemarkt und 108 bis 125 Mrd. US-Dollar für den Spielemarkt angenommen. Selbst wenn davon nur ein Teil Realität wird, zeigt sich hier das wirtschaftliche Potenzial des Metaverse in beeindruckender Weise.

- Bloomberg Intelligence (2021) schätzt den Wert des Metaverse, der durch die Spieleindustrie, soziale Netzwerke sowie eine Vielzahl von Technologieunternehmen (u. a. AR, VR, KI, Blockchain) vorangetrieben wird, für das Jahr 2024 auf fast **800 Mrd. US-Dollar.** Hier sind Einnahmen für Live-Events und Werbung bereits eingeschlossen.

Analysiert man, welche Branchen sich bereits sehr früh im Metaverse engagiert und positioniert haben, kommt man an der **Spieleindustrie** nicht vorbei. Das Konzept, die Geschichte und die Zukunft des Metaverse sind untrennbar mit dieser Branche verbunden. Der Code virtueller Welten wird typischerweise in einer **Game Engine** zusammengefasst, ein weit gefasster Begriff, der sich auf eine Sammlung von Technologien und Frameworks bezieht. Diese Game Engine definiert das Spiel, rendert, verarbeitet die Spiellogik und verwaltet den Speicher. Früher hat jedes Unternehmen seine eigene Game Engine entwickelt. Heute werden Game Engines hauptsächlich von zwei Unternehmen lizenziert:

- *Epic Games* mit seiner *Unreal Engine*
- *Unity Technologies* mit der *Eponymous Engine*

Aufgrund der hohen Bedeutung virtueller Welten für das Metaverse konzentrieren sich die ersten Aktivitäten aus weiteren Branchen auf die Zusammenarbeit mit der Spieleindustrie, um von den bereits existierenden Lösungen zu profitieren. Abovitz et al. (2022) und Newzoo (2021) haben diejenigen Branchen identifiziert, die sich bereits jetzt für das Metaverse in Stellung bringen, sowie diejenigen, die etwas später einsteigen werden. Abb. 1.5 zeigt, wo sich die unterschiedlichen Branchen auf der **Innovationskurve** wiederfinden.

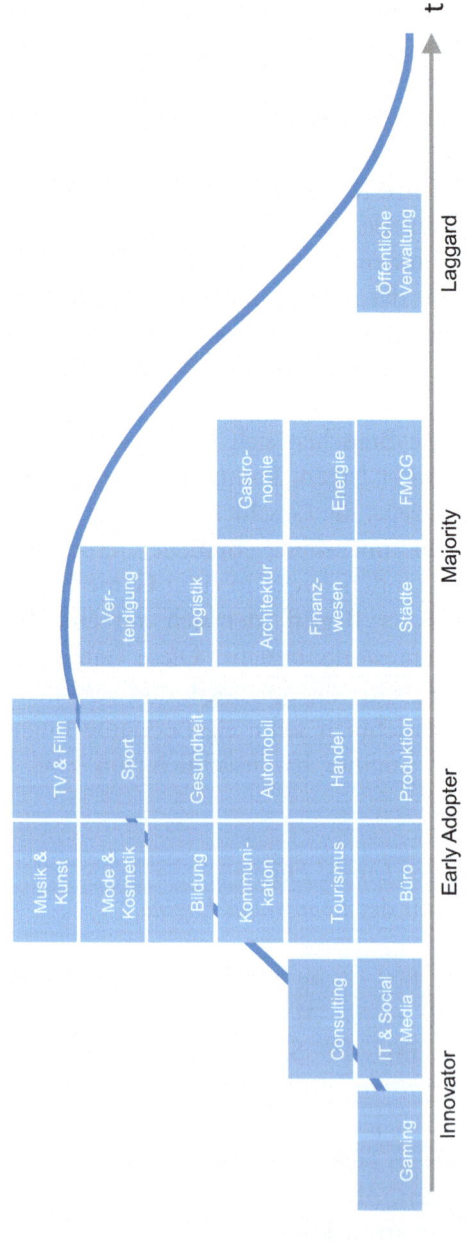

Abb. 1.5 Position der Branchen auf der Innovationskurve

Eines ist sicher: Es lohnt sich, frühzeitig die Auseinandersetzung mit dem Metaverse zu beginnen. Das Metaverse-Ökosystem wird gerade von vielen Unternehmen massiv ausgebaut – und weitere steigen sukzessiv in diesen Zukunftsmarkt ein.

> **Fragen, die Sie sich stellen sollten**
>
> - Welches Verständnis gibt es in meinem Unternehmen vom Metaverse, falls es bereits ein solches Verständnis gibt?
> - Wie hoch ist der Wissensstand zum Metaverse generell in meinem Unternehmen?
> - Haben wir eine Person, ein Team oder einen Bereich, der sich mit den Chancen und Risiken des Metaverse beschäftigt?
> - Woran fehlt es ggf. noch, um solch eine Instanz zu etablieren?
> - Können wir bereits einschätzen, welche Voraussetzungen wir als Unternehmen für einen möglichen Einstieg ins Metaverse mitbringen?
> - Welche Bedeutung wird dem Metaverse in meinem Unternehmen bzw. in meiner Branche zukommen?
> - Welches Marktpotenzial wird hier gesehen?
> - Welche direkten und indirekten Wettbewerber beschäftigen sich bereits mit diesem Thema?
> - Haben diese bereits spannende Use Cases für das Metaverse entwickelt?
> - Wer beschäftigt sich bei uns mit der Frage, ob es auch für unser Unternehmen spannende Use Cases geben könnte?
> - Was fehlt bei uns noch, um diesen Startschuss abzugeben?

Literatur

Abovitz, R., Banerjee, S., Gilliland, G., Liu, C., Sackey, E., Timashkov, A., & Trollinger, R. (2022). How the metaverse will remake your strategy. BCG. Whitepaper. https://mkt-bcg-com-public-pdfs.s3.amazonaws.com/prod/impact-of-metaverse-on-business.pdf. Zugegriffen: 30. Sept. 2022.

Aiello, C., Bai, J., Schmidt, J., & Vilchynskyi, Y. (2022). Probing reality and myth in the metaverse. Whitepaper. McKinsey. https://www.mckinsey.com/industries/retail/our-insights/probing-reality-and-myth-in-the-metaverse. Zugegriffen: 30. Aug. 2022.

Ball, M. (2022). *The metaverse: And how it will revolutionize everything*. Liveright Publishing Corporation.

Bitkom. (2022a). Beim Metaverse ist die deutsche Wirtschaft gespalten. https://www.bitkom.org/Presse/Presseinformation/Metaverse-deutsche-Wirtschaft-gespalten#msdynttrid=Mm57TkFY5QDlDAQi6WNlMiPE3z UhAkG1t51yq_OzJUk. Zugegriffen: 27. Okt. 2022.

Bitkom. (2022b). Ein Drittel der Deutschen ist neugierig aufs Metaversum. https://www.bitkom.org/Presse/Presseinformation/Drittel-der-Deutschen-ist-neugierig-auf-Metaversum. Zugegriffen: 22. Febr. 2022.

Bitkom. (Hrsg.). (2022c). Wegweiser in das Metaverse. Technologische und rechtliche Grundlagen, geschäftliche Potenziale, gesellschaftliche Bedeutung. Bitkom e. V. https://www.bitkom.org/sites/main/files/2022-07/220714_LF_Metaverse.pdf. Zugegriffen: 7. Dez. 2022.

Bitkom. (2022d). Unternehmen nutzen VR oder AR vor allem für die Weiterbildung. https://www.bitkom.org/Presse/Presseinformation/Unternehmen-nutzen-VR-AR-Weiterbildung. Zugegriffen: 2. Okt. 2022.

Bloomberg Intelligence. (2021). Metaverse may be $800 billion market, next tech platform. https://www.bloomberg.com/professional/blog/metaverse-may-be-800-billion-market-next-tech-platform/. Zugegriffen: 23. Febr. 2022.

Bottler, S. (2022). Auto Motive im Metaverse, Werben und Verkaufen. https://www.wuv.de/Themen/Markenstrategie/Audi-Vorsprung-durch-VR-Technik. Zugegriffen: 13. Okt. 2022.

Busch, O. (2022). Metaverse. Vortrag an der Hochschule für Wirtschaft und Recht, Berlin, 15.6.2022.

BVDW. (2022). Positionspapier Metaverse. BVDW. https://www.bvdw.org/themen/publikationen/detail/artikel/positionspapier-metaverse-de/. Zugegriffen: 7. Dez. 2022.

Dwivedi, Y. K., Hughes, L., Baabdullah, A. M., Ribeiro-Navarrete, S., Giannakis, M., Al-Debei, M. M., Dennehy, D., Metri, B., Buhalis, D., Cheung, C. M. K., Conboy, K., Doyle, R., Dubey, R., Dutot, V., Felix, R., Goyal, D. P., Gustafsson, A., Hinsch, C., Jebabli, I., … Wamba, S. F. (2022). Metaverse beyond the hype: Multidisciplinary perspectives on emerging challenges, opportunities, and agenda for research, practice and policy. *International Journal of Information Management, 66,* 1–55.

Elmasry, T., Hazan, E., Khan, H., Kelly, G., Srivastava, S., Yee, L., & Zemmel, R. W. (2022). Value creation in the metaverse, the real business of the virtual world. Whitepaper. McKinsey. https://www.mckinsey.com/

capabilities/growth-marketing-and-sales/our-insights/value-creation-in-the-metaverse. Zugegriffen: 30. Aug. 2022.

Epic Games. (2020). Was ist Fortnite? Leitfaden für Einsteiger. https://www.epicgames.com/fortnite/de/news/what-is-fortnite-beginners-guide. Zugegriffen: 30. Aug. 2022.

Evans, B. (2022). Satya Nadella & the Metaverse: Microsoft CEO on 'Next Wave of Internet'. https://accelerationeconomy.com/cloud/satya-nadella-the-metaverse-microsoft-ceo-on-next-wave-of-internet/. Zugegriffen: 25. Aug. 2022.

Forbes. (2021). What, exactly, is the metaverse? https://www.forbes.com/sites/forbesfinancecouncil/2022/02/09/how-technology-is-transforming-business-payments/. Zugegriffen: 8. Febr. 2022.

Gupta, A. (2022). Was ist ein Metaverse? Gartner, Inc. https://www.gartner.de/de/artikel/was-ist-ein-metaverse. Zugegriffen: 28. Aug. 2022.

Hackl, C., Siu, Y., Lueth, D., Arkontaky, J., & Di Bartolo, T. (2022). *Navigating the metaverse*. Wiley.

Hennig-Thurau, T., Aliman, N., Herting, A., Cziehso, G., Kübler, R., & Linder, M. (2022). The value of real-time multisensory social interactions in the virtual-reality metaverse: Framework, empirical probes, and research roadmap, Working Paper Science #1, eXerimental Reality Lab. Münster: Marketing Center Münster.

Junge, J. (2020). Spielen. In O. Zimmermann & F. Falk (Hrsg.), *Handbuch Gameskultur* (S. 23–28). Deutscher Kulturrat.

Klose, S., & Schöber, T. (2023). *Esportpedia: Marketing im E-Sport. Das 4C-Framework und Optionen der Vermarktung in der Welt des elektronischen Sports*. Meyer & Meyer.

Newton, C. (2021). Mark in the Metaverse. Facebook's CEO on why the social network is becoming 'a metaverse company'. https://www.theverge.com/22588022/mark-zuckerberg-facebook-ceo-metaverse-interview. Zugegriffen: 25. Aug. 2022.

Newzoo. (2021). Intro to the metaverse. Newzoo Trend Report 2021. https://newzoo.com/insights/trend-reports/newzoo-intro-to-the-metaverse-report-2021-free-version. Zugegriffen: 28. Aug. 2022.

Park, G. (2021). Epic Games believes the Internet is broken. This is their blueprint to fix it. https://www.washingtonpost.com/video-games/2021/09/28/epic-fortnite-metaverse-facebook/. Zugegriffen: 25. Aug. 2022.

Rauschnabel, P. A. (2022). *Metaverse Marketing 2022. Ergebnisse einer Managerbefragung*. White Paper. München: Bundeswehr München.

Takahashi, D. (2021). Nvidia CEO Jensen Huang weighs in on the metaverse, blockchain, and chip shortage. https://venturebeat.com/games/nvidia-ceo-jensen-huang-weighs-in-on-the-metaverse-blockchain-chip-shortage-arm-deal-and-competition/. Zugegriffen: 25. Aug. 2022.

2

Wo wir stehen

Zusammenfassung Um eine erste Einschätzung des Status quo bzgl. des Metaverse vorzunehmen, lohnt sich ein Blick auf die Entwicklung des Internets. Ähnlich wie beim Metaverse war es auch hier in den Anfangszeiten schwierig, das tatsächliche Potenzial realistisch einzuschätzen. Auch jetzt beobachten wir bereits erste Anwendungen und Aktivitäten im sogenannten Proto-Metaverse, die hauptsächlich von der Spieleindustrie getrieben werden. Einige dieser Anwendungen werden in diesem Kapitel vorgestellt.

2.1 Hype Cycle for Emerging Tech als Orientierungsrahmen

Promotoren des Metaverse sagen, dass wir beim Metaverse heute dort stehen, wo wir beim Einstieg ins Internet ab 1990 auch standen: Das Internet versprach vieles! Manche konnten sich einige Anwendungen

Ergänzende Information Die elektronische Version dieses Kapitels enthält Zusatzmaterial, auf das über folgenden Link zugegriffen werden kann https://doi.org/10.1007/978-3-658-40438-3_2.

© Der/die Autor(en), exklusiv lizenziert an Springer Fachmedien Wiesbaden GmbH, ein Teil von Springer Nature 2023
R. T. Kreutzer und S. Klose, *Metaverse kompakt*,
https://doi.org/10.1007/978-3-658-40438-3_2

vorstellen. Aber niemandem war bewusst, dass das Internet einmal die ganze Welt tiefgreifend verändern würde. Vielleicht gilt das auch für das Metaverse – dazu hilft ein Blick auf den **Hype Cycle for Emerging Tech 2022** von *Gartner, Inc.* (vgl. https://www.gartner.com/en/articles/what-s-new-in-the-2022-gartner-hype-cycle-for-emerging-technologies). *Gartner, Inc.* veröffentlicht jedes Jahr ein Diagramm mit denjenigen Technologien, die es im Auge zu behalten gilt: Diese Technologien werden auf dem Hype Cycle zusammengeführt. Dieses Diagramm zeigt, welche Technologien kurz- und langfristig disruptiv sein könnten und mit welchen Technologien sich Unternehmen beschäftigen sollten, weil sie ihnen neue Möglichkeiten eröffnen oder ihr eigenes Geschäft herausfordern könnten. Das Diagramm wird Hype Cycle genannt, weil es die Technologien auf einer Kurve darstellt, die die typische Entwicklung verdeutlicht:

- **Phase 1:** Die Technologie wird entdeckt (**Innovation Trigger**).
- **Phase 2:** Die Menschen glauben, dass diese Technologie alles verändern und für alles nützlich sein wird (**Peak of Inflated Expectations**).
- **Phase 3:** Es folgt die Feststellung, dass die Technologie die übertriebenen Erwartungen, die durch den Hype entstanden sind, nicht erfüllen kann. Enttäuschung greift um sich (**Trough of Disillusionment**).
- **Phase 4:** Viele Technologien entwickeln sich trotzdem weiter und interessante Anwendungsfälle kristallisieren sich heraus (**Slope of Enlightenment**).
- **Phase 5:** Schließlich wird die Technologie als nützlich empfunden und findet breite Anwendung. Sie ist nichts Besonderes mehr, sondern ist inzwischen zum Mainstream geworden (**Plateau of Productivity**).

Nach der Analyse von mehr als 2000 Technologien wurden im Jahr 2022 25 davon in den **Hype Cycle for Emerging Tech** aufgenommen (vgl. Perri, 2022). Das Metaverse wird dem Schwerpunkt „immersive Erlebnisse" zugeordnet. *Gartner, Inc.* sieht das Metaverse allerdings noch ganz am Anfang der Reise durch den Hype Cycle. Zu dem

Schwerpunkt „immersive Erlebnisse" zählen neben Metaverse auch die Decentralized Identity, Digital Humans, Internal Talent Marketplaces, NFT, Superapp und Web3. Der Vorteil dieser Technologien besteht darin, dass sie den Menschen mehr Kontrolle über ihre Identität und ihre Daten geben. Gleichzeitig kann das Spektrum an Erfahrungen auf virtuelle Orte und Ökosysteme ausgeweitet werden. Zusätzlich können digitale Währungen eingesetzt werden. Diese Technologien bieten neue Wege, sich als Unternehmen und Marke zu präsentieren, Kundinnen und Kunden zu erreichen und neue Einnahmequellen zu erschließen (vgl. Perri, 2022).

In den 90er Jahren des letzten Jahrtausends tauchte auch das Internet als „Information Superhighway" im Hype Cycle auf. Allerdings sahen es die Analysen damals auf dem absteigenden Ast. Wie wir alle wissen, folgte das Internet nach dieser Phase der Enttäuschung und Desillusionierung jedoch der auf dem Hype Cycle vorgezeichneten Entwicklung und ist mittlerweile zum globalen Mainstream geworden. Um also den jetzigen Stand des Metaverse einordnen zu können, hilft ein Blick zurück auf die Entwicklung des Internets.

2.2 Kurze Geschichte des Internets

Abb. 2.1 zeigt schematisch die **Entwicklung des Internets** bis zum heutigen Stand (vgl. Bitkom, 2022, S. 11).

In einer frühen Phase des Internets **(Web 1.0),** welches von der Allgemeinheit genutzt werden konnte, ging es darum, Menschen und Netzwerke zu verbinden und Informationen zu teilen. Dabei konsumierten Nutzende digitale Inhalte, die von Verlagen oder anderen Content-Providern erstellt wurden. Webseiten ähnelten zu dieser Zeit vielfach digitalisierten Katalogen oder Broschüren. Diese Form wird auch „read-only internet" genannt.

Das **Web 2.0** oder „read-write internet" ermöglicht es Nutzenden, neben dem Konsum fremder Inhalte auch eigene Inhalte zu erstellen oder die Inhalte anderer zu teilen. Außerdem steht hier die Interaktion im Vordergrund – vor allem über soziale Netzwerke. Deshalb wird hier auch vom Mitmach-Web gesprochen. Allerdings kontrollierten und

Web	1.0	2.0	3.0
Interface	Webbrowser mit begrenzter Interaktion	Website- und mobilzentrierte Benutzerinteraktion	Extended Reality (VR/AR)
Logik	Hypertext, Standard-HTML	JavaScript in Zusammenarbeit mit CSS3 und HTML5, Cookies, Einsatz von Statistiken und Algorithmen	Semantische Logik, auch durch Einsatz künstlicher Intelligenz
Daten	Geringe Datenhaltung, meist Textfiles	Datenbereitstellung über Frontend und meist zentrales Backend	Sichere und transparente Transaktion von Smart Contracts und dezentrale Daten über Blockchain
Social	Primär Informationen auf statischen Websites, die lediglich konsumiert werden Verknüpfung von Wissen und Austausch meist wissenschaftlicher Inhalte Beginn offener Communitys und Foren	Ausweitung auf (fast) alle Arbeits- und Lebensbereiche Nutzerinnen und Nutzer können eigene Inhalte (Texte, Bilder, Videos) einstellen, kommentieren, teilen (Social Media)	Interaktion in virtuellen Räumen mittels Avataren Nutzerinnen und Nutzer können eigene 3D-Inhalte und Assets erstellen Vernetzte Ökosysteme/ DAOs mit unterschiedlichen Rollen, Identitäten und digitalen Assets

Abb. 2.1 Entwicklung des Internets: von Web 1.0 zu Web 3.0

kontrollieren noch heute häufig zentralisierte Netzwerke diese Aktivitäten und verdienen damit Geld.

Zukünftig werden im **Web 3.0,** welches in der Praxis synonym mit **Web3** oder **web3** bezeichnet wird, Inhalte konsumiert, erstellt und besessen („read-write-own internet"). Hierzu werden die Netzwerke und teilweise auch der Geldaustausch stärker dezentralisiert. Die Blockchain-Technologie kann entscheidend dazu beitragen, die zentralisierten Vermittler zu ersetzen. Die mehr oder weniger unveränderliche Dokumentation von Transaktionen kann das Vertrauen aufbauen, um Konsum und Austausch zu ermöglichen (vgl. Bitkom, 2022, S. 11–12; Bobier et al., 2022, S. 7).

PwC (2022) sieht das Web 3.0 als eine grundlegende Veränderung, die zu einem **dezentralisierten Ökosystem** führt. In diesem können die Nutzenden durch den Einsatz neuer Technologien eine umfassende, gleichsam globale Kontrolle über ihre eigenen Vermögenswerte ausüben.

Für das **Web 3.0** existieren mittlerweile zwei Definitionen, die sich teilweise ergänzen, aber jeweils eigene Schwerpunkte setzen (vgl. Bitkom, 2022, S. 11–12):

- *Tim Berners-Lee,* der Begründer des World Wide Web, definiert das Web 3.0 als **semantisches Internet.** Die Daten sollen hier so aufbereitet sein, dass sie für Computer und Menschen gleichermaßen interpretierbar sind. Das bedeutet, dass die Interaktionslogik in der Lage ist, den Kontext dessen zu verstehen, wonach gesucht wird. So können relevantere und auf die Person zugeschnittene Ergebnisse geliefert werden. Mit dem verstärkten Einsatz der Künstlichen Intelligenz wird das Web 3.0 stärker personalisierte Interaktion ermöglichen. Weiterhin setzt auch *Berners-Lee* mittlerweile mit dem Begriff Web 3.0 auf Dezentralität, allerdings nicht auf die Blockchain-Technologie (vgl. Macaulay, 2022).
- *Gavin Wood,* Mitbegründer der Ethereum Blockchain, spricht beim Web 3.0 von einem **dezentralen Internet.** Dieses wird nicht mehr von wenigen Plattformen bestimmt. Stattdessen nutzt es die Blockchain. Eine Token-basierte Wirtschaft (u. a. mit Non-Fungible Tokens), dezentralisierte autonome Organisationen (DAOs) und das dezentrale Finanzwesen (DeFi) sowie selbstbestimmte Identitäten sind zentrale Bestandteile des Konzepts.

Laut Ball (2022, S. 58) handelt es sich sowohl bei **Web 3.0** als auch beim **Metaverse** um **„Nachfolgemodelle" des Internets,** wie wir es heute kennen. Allerdings unterscheiden sich die beiden Entwicklungen auch. Das Web 3.0 benötigt nicht zwingend in Echtzeit gerenderte 3D-Welten oder synchrone Erlebnisse. Das Metaverse wiederum erfordert nicht zwingend eine Dezentralisierung oder den Einsatz der Blockchain-Technologie. Nichtsdestotrotz geht *Ball* davon aus, dass sich Beides gleichzeitig entwickeln wird und die Prinzipien des Web 3.0 zentral für die Entwicklung des Metaverse sein werden.

Geht es bspw. darum, digitale Güter mittels einer digitalen Währung zu bezahlen und so digitalen Besitz zu erhalten, spielt das Thema **Vertrauen** eine große Rolle. Dieses kann durch die **Dezentralität der**

Blockchain-Technologie geschaffen werden: Betrug wird hier durch die Beteiligung eines großen Netzwerks (weitgehend) ausgeschlossen.

Google prägte das **Motto „Don't be evil"** auf Basis des **Web 2.0.** Das bedeutete, dass Betrug und andere illegale Aktivitäten im Internet ein konkretes Risiko darstellten. Unternehmen und andere Organisationen waren aufgefordert, ihre Nutzenden davor zu schützen. Analog dazu könnte das **Motto im Web 3.0** lauten: **„Can't be evil".** Denn die Dezentralität nimmt den Organisationen diese Entscheidung ab – selbst wenn sie wollten, könnten sie nicht betrügen (vgl. Ball, 2022, S. 233). Diese Einschränkung gilt zumindest so lange, bis bspw. Quantum-Computer oder andere Technologie auch der Blockchain-Sicherheit zu Leibe rücken.

Das Metaverse kann also an beide präsentierten Web-3.0-Vorstellungen anknüpfen (vgl. Bitkom, 2022, S. 12).

Merk-Box

Metaverse wird als ein **Interaktionsmodell** fungieren, welches auf dem Web-3.0-Rahmenwerk aufsetzt. Aspekte des **semantischen Internets** spielen hierbei genauso eine Rolle wie **Dezentralität** und ein **Tokenbasiertes Wirtschaftsmodell,** das auf digitalem Kapital aufbaut.

2.3 Proto-Metaverse

Technologisch wird das Metaverse Stand heute (Q1 2023) von der **Spieleindustrie** getrieben, wo es schon länger Ausprägungen eines **Proto-Metaverse** gibt: „If web developers are the architects of the internet as we know it (Web 2.0), then game developers are the architects oft he metaverse – Web 3.0", so *Ryan Gill,* CEO und Gründer von *Crucible* (Newzoo, 2021).

Merk-Box

Mit **Proto Metaverse** werden Vorläufer bzw. Prototypen des Metaverse bezeichnet.

2.3.1 Geschichte des Proto-Metaverse

Abb. 2.2 zeigt wichtige bisherige **Schritte in Richtung Metaverse** aus den Bereichen Gaming, Literatur und Film. In dieser Abbildung wird sichtbar, wie sich verschiedene Trends gegenseitig verstärken und aufeinander aufbauen.

MUD1 (Multi-User Dungeon 1) ist eine textbasierte virtuelle Welt für mehrere Spielende, die bereits 1978 veröffentlicht wurde. Die meisten werden jedoch beim Thema virtuelle Welt an *Second Life* denken. Auf dieser Plattform können Menschen durch Avatare interagieren; sie können spielen, Handel betreiben und kommunizieren. *Second Life* wurde 2003 gelauncht und existiert bis heute. Bereits 2006 erschien **Roblox**, eine Spieleplattform, auf der die Nutzenden selbst Spiele erstellen und verkaufen können. 2012 startete *The Sandbox*. 2015 wurde **Decentraland** ins Rennen geschickt. Wie der Name bereits vermuten lässt, handelt es sich hierbei um eine dezentral aufgebaute virtuelle 3D-Plattform mit eigener Währung. *Decentraland* erlaubt es auch, virtuelle Grundstücke zu kaufen. Für eine Überraschung sorgte im Herbst 2022 die Ankündigung einer Partnerschaft von *Meta* und *Microsoft*. Anstatt sich ein zeit- und kostenintensives Wettrennen zu liefern, werden die beiden Konzerne beim Metaverse zusammenarbeiten.

Im Bereich der Literatur ist neben *Snow Crash,* dem namensgebenden Roman von *Neal Stephenson,* auch *Neuromancer* von *William Gibson* zu nennen. Letzterer hat die Begriffe Cyberspace und Cyberuser populär gemacht. Auch im Kino gibt es spannende Vorläufer zum Metaverse. Bereits 1982 erschien mit *Tron* ein Film, der eine virtuelle Realität zeigte. In dieser Tradition sind auch die Filme *Matrix* und *Ready Player One* zu sehen.

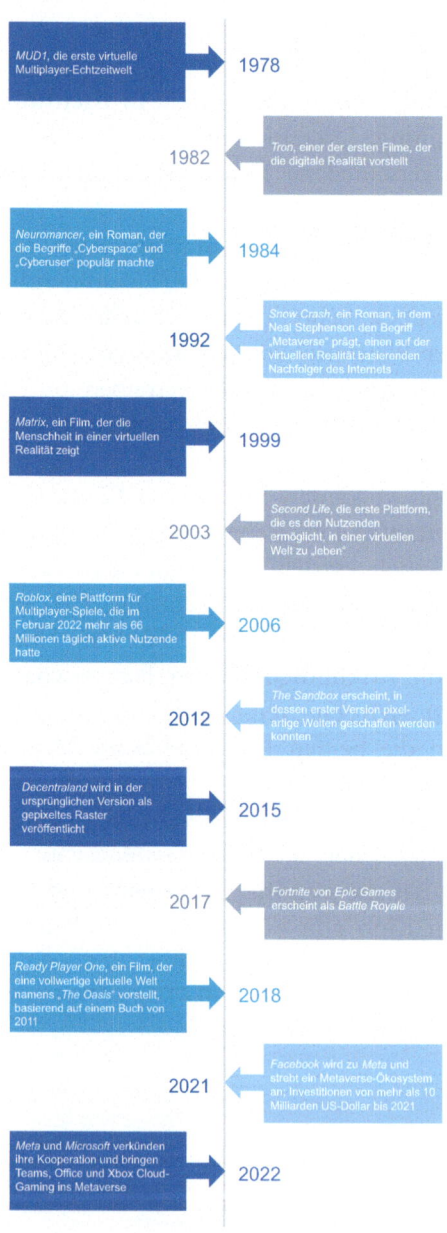

Abb. 2.2 Bisherige Meilensteine des Metaverse

2.3.2 Angebote und Aktivitäten im Proto-Metaverse

2.3.2.1 Überblick über Ausprägungen des Proto-Metaverse

Schaut man sich weltweit nach ersten Entwicklungen in Richtung Metaverse um, so findet man vor allem in den **USA** und im asiatischen Raum bereits viele Beispiele. In den USA liegt der Schwerpunkt der Angebote in den Bereichen Wirtschaft, Gaming, Kunst und Soziales. In **China** gibt es einen großen Markt und (noch) starke Internet-Unternehmen, die nach und nach die Bereiche Wirtschaft, Gaming und Kunst in das Proto-Metaverse eingeführt haben. **Japan** konzentriert sich auf die Anwendungsbereiche Animation und Gaming. In **Südkorea** wird das Thema Metaverse stark von der Regierung getrieben. In **Deutschland** und **Italien** sind primär Luxusmarken aktiv, die Kunden für virtuelle Produkte gewinnen möchten.

Die nachfolgende Übersicht zeigt den Stand der heute bereits im Proto-Metaverse aktiven Unternehmen und Organisationen (vgl. Dual Universe, 2022; Internetworld, 2022; Moy & Gadgil, 2022; Lukas, 2022; Neos VR, 2022; Ning et al., 2021; Rehms & Seyfried, 2022).

Übersicht Unternehmen und Angebote im Proto-Metaverse (Stand 2022)

- USA
  - *Alphabet*
    Google arbeitet an einem AR-Headset mit dem Codenamen Project Iris. Es soll 2024 auf den Markt kommen.
  - *Amazon*
    Seit 2018 entwickelt *Amazon* ein neues VR-Einkaufserlebnis und versucht, einen virtuellen Einkaufsraum zu schaffen, in dem die Kundschaft mit digitalen Produkten interagieren kann. So soll im Metaverse eine Art virtuelles *Amazon-Einkaufszentrum* aufgebaut werden, um die marktbeherrschende Stellung zu behaupten.
  - *Apple*
    Apple arbeitet an einem Headset. Es soll es sich um ein Mixed-Reality-Gerät handeln, das AR und VR abdeckt.

- *Decentraland*
Hierbei handelt es sich um eine virtuelle Welt auf der Basis von *Ethereum* – die erste vollständig dezentralisierte virtuelle Welt im Besitz der Nutzenden. Der Hauptinhalt von *Decentraland* sind zurzeit Kunstwerke.
- *Disney*
Laut *Tilak Mandadi, Disneys* Chief Technology Officer, wird der Aufbau eines Themenpark-Metaverse der nächste Schritt in der Entwicklung der *Disney*-Themenparks sein.
- *Epic Games*
Im April 2021 kündigte *Epic Games* eine Investition von einer Mrd. US-Dollar an, um ein Metaverse aufzubauen. Es erwarb *Skethfab,* die größte Plattform für 3D-Modelle, um die Nutzenden der *Skethfab*-Plattform zu übernehmen und seinen Marktanteil im Metaverse zu erhöhen. Mit *Fortnite* bietet *Epic Games* eine Plattform an, die bereits jetzt durch verschiedene Updates und Kooperationen erahnen lässt, wie das Metaverse aussehen wird.
- *fastly*
Die Plattform von *fastly* kann 145 Terabyte Daten pro Sekunde übertragen und könnte ein wichtiger Bestandteil im datenhungrigen Metaverse werden.
- *Matterport*
Matterport bietet virtuelle 3D-Rundgänge in Räumen an. Als Basis kann ein einfaches *iPhone* eingesetzt werden.
- *Meta*
Im September 2019 veröffentlichte *Facebook* die soziale VR-Plattform *Facebook Horizon* (heute *Horizon Worlds*) und startete im August 2020 eine öffentliche Beta-Version. 2021 gab *Facebook* bekannt, dass es zu *Meta Platforms* wird. Geplant ist die Umwandlung in ein Metaverse-Unternehmen innerhalb von fünf Jahren. *Meta* entwickelt ein Metaverse-Betriebssystem und eine E-Commerce-Plattform. Im Bereich VR verfügt das Unternehmen mit *Meta Quest* (früher *Oculus*) bereits über eine VR-Brille.
- *Microsoft*
Microsoft Teams plant die Entwicklung von *Mesh,* einer Software, mit der Menschen virtuell über Avatare zusammenarbeiten.
- *Nvidia*
Im August 2021 kündigte *Nvidia* an, mit dem *Nvidia Omniverse* die weltweit erste Plattform für virtuelle Zusammenarbeit und Simulationen zu schaffen. *Nvidia* ist eines der führenden Unternehmen im Bereich Künstliche Intelligenz und Grafik. Im Metaverse sind solche schnellen GPUs entscheidend, wie *Nvidia* sie anbietet.

- *Roblox*
  Die Spieler können in *Roblox* ihre eigene virtuelle Welt oder verschiedene Spiele erschaffen. *Roblox* hat sich zur weltweit größten Spiele-UGC-Plattform der Welt entwickelt und unterstützt *iOS, Android*, PC, *Mac* und andere Plattformen. Derzeit ist *Roblox* eine der „Welten", die das Potenzial haben, dem Metaverse am nächsten zu kommen.
- *Snapchat*
  Snapchat hat benutzerdefinierte Avatare und Filter eingeführt, um die Welt mit digitalen Inhalten zu füllen. Derzeit hat Snapchat den *Bitmoji*-Dienst eingeführt, der Nutzende in physischen Schnappschüssen posieren und darauf aufbauend ihre eigenen 3D-*Bitmoji*-Avatare erstellen lässt. Außerdem entwickelt *Snapchat* eine Augmented-Reality-Brille namens *Spectacles*.
- *The Sandbox*
  In *The Sandbox* können sich Spielende in verschiedenen 3D-Welten aufhalten und mit der Währung *SAND* Handel betreiben sowie *LAND*-Grundstücke erwerben.
- *Unity*
  Unity hat sich auf die Entwicklung von virtuellen 3D-Inhalten spezialisiert hat. Mit der *Unity*-Game-Engine lassen sich 3D-Inhalte für Onlinespiele, Filme und Apps entwickeln.
- *Upland*
  Upland ist eine virtuelle Immobilienplattform, die es Spielenden ermöglicht, virtuelle Immobilien in einer Metaverse-Welt zu kaufen, zu verkaufen und zu verwalten.

- **China**
  - *Alibaba*
    Alibaba beantragte die Registrierung von Marken wie *Ali Metaverse* und *Taobao Metaverse*.
  - *ByteDance*
    ByteDance besitzt Plattformen mit hohem Traffic wie *Douyin* und *TikTok* und hat auch in die Visual-Computing- und KI-Computing-Plattform *Moore Thread* investiert. Das Unternehmen veröffentlichte das Spiel *Restart the World* und erwarb *PICO*, ein chinesisches Unternehmen für VR-Ausrüstung.
  - *NetEase*
    NetEase konzentriert sich bei der Gestaltung von Metaverse auf das Spielegeschäft und bietet niederschwellige Tools für die Spieleentwicklung an. Das Unternehmen investierte in die Meta-Computing-Plattform von *IMPROBABLE*, die es Dritten ermöglicht, virtuelle Welten zu erstellen, und in die *IMVU*-Plattform für virtuelle Figuren.

- *Shenzhen Zqgame Co., Ltd*
  Zqgame ist ein chinesisches Spielestudio. Im September 2021 veröffentlichte *Zqgame* die Vorschau auf das Spiel *Brew Master*. In diesem Spiel können die Spielenden in einer simulierten Umgebung Unternehmen gründen und die Auswirkungen ihrer Entscheidungen erleben.
- *Tencent*
  Tencent hat eine ganze Reihe von Investitionen in das Metaverse-Ökosystem getätigt, darunter eine AR-Entwicklungsplattform, das *Avakin life*-Spiel, die *Spotify*-Musikstreaming-Plattform. Außerdem beantragte *Tencent* die Registrierung der Marken *Kings Metaverse* und *TiMi Metaverse* im September 2021.
- *Wondershare Technology Group Co., Ltd.*
  Wondershare hat in *Realibox* investiert, um seinen Geschäftsbereich AR/VR zu verbessern und eine solide technische Grundlage für den ersten Einsatz des Metaverse zu schaffen.

- **Japan**
  - *Avex Business Development Digital Motion*
    Hier wurde die *Virtual Avex Group* gegründet. Diese plant, bestehende Animations- oder Spielfiguren zu fördern sowie Künstleraktivitäten wie Konzerte zu virtualisieren.
  - *GREE*
    GREE betreibt das Metaverse-Geschäft über seine Tochtergesellschaft *REALITY*. Es wird geschätzt, dass bis zum Jahr 2024 zehn Mrd. Yen investiert werden, um mehr als 100 Mio. Nutzer weltweit zu erreichen.
  - *Sony and Hassilas*
    Mechaverse ist die erste japanische Metaverse-Plattform. Unternehmen können auf dieser Plattform schnell Produkteinführungen durchführen und Videos und 3D-Modellexperimente für Teilnehmende anbieten.

- **Südkorea**
  - *Metaverse Alliance*
    Die koreanische Agentur zur Förderung der Informations- und Kommunikationsindustrie hat 25 Organisationen und Unternehmen in der *Metaverse Alliance* zusammengeschlossen. Unter der Führung des Privatsektors soll eine offene Metaverse-Plattform in verschiedenen Bereichen der Realität und Virtualität geschaffen werden.
  - *SAMSUNG*
    SAMSUNG hat den Samsung Global Metaverse Fonds aufgelegt.

- *SK Telecom*
  Im Juli 2021 führte *SK Telecom* eine virtuelle Welt namens *ifland* ein, in der die Nutzenden durch Zeichentrickfiguren an Meetings teilnehmen.
- *Urbanbase*
  Urbanbase ist eine 3D-Raumdatenplattform für Immobilien und die Entwicklung von Innenarchitektur. Das Unternehmen bietet Mittel für die Entwicklung von VR/AR- und 3D-Technologien, die für den Eintritt in das Metaverse unverzichtbar sind.

- **Deutschland**
  - *Connected Reality*
    Die Full-Service-Agentur hat sich auf die Bereiche Virtual Reality, Augmented Reality und Metaverse spezialisiert und bietet Lösungen für verschiedene Anwendungsbereiche und Endgeräte an.
  - *RIMOWA*
    Die deutsche Luxus-Gepäckmarke *RIMOWA* kündigte im Mai auf *Instagram* an, dass sie mit dem Designstudio *NUOVA* zusammenarbeitet, um vier NFT-Kunstwerke mit dem Titel *Blueprints from the Metaverse* zu veröffentlichen.
  - *ThirdXEye*
    ThirdXEye macht sich ein durch Interaktion, Emotion, Film- und Erlebnisdramaturgie gesteigertes Erinnerungsvermögen zunutze und entwickelt maßgeschneiderte multimediale Lernreisen.

- **England**
  - *Maze Theory*
    Das bekannte britische VR-Studio *Maze Theory* plant ein *Fan-Metaverse*.
  - *Sotheby's*
    Das britische Auktionshaus *Sotheby's* hat die Rubrik *Sotheby's Metaverse* eingeführt und veranstaltete eine Sonderauktion mit dem Titel *Natively Digital 1.2: The Collectors,* bei der 53 Werke aus NFT-Kunstsammlungen auf einmal ausgestellt wurden.

- **Frankreich**
  - *Novaquark*
    Novaquark hat mit *Dual Universe* ein MMORPG (Massively Multiplayer Online Role-Playing Game) entwickelt. Dieses Videospiel erlaubt es den Spielenden, an der virtuellen Realität mitzubauen und diese umzugestalten. Eine spezielle Server-Technologie ermöglicht es, dass alle Spieler gleichzeitig im selben Universum unterwegs sind.
  - *Stage11*
    Die französische Metaverse-Musikplattform *Stage11* hat eine Finanzierungsrunde in Höhe von fünf Mio. Euro unter Führung des europäischen Risikokapitalfonds *Otium Capital* abgeschlossen, um immersive Metaverse-Musik zu schaffen.

- **Italien**
  - *Gucci*
    Die italienische Luxusmarke *Gucci* hat virtuelle Sportschuhe auf den Markt gebracht. Nach dem Kauf der Schuhe können die Nutzenden sie in der *Gucci*-App und der sozialen VR-Plattform *VR CHAT* nutzen oder sie auf der Spieleplattform *Roblox* ausprobieren.
- **Tschechien**
  - *Neos VR*
    Der Spielanbieter *Neos VR* hat ein gemeinsames soziales Universum aufgebaut. In diesem virtuellen Raum können Nutzende spielen und Neues erkunden. Es werden auch Möglichkeiten zur beruflichen Kollaboration angeboten. Durch die Bereitstellung von digitalen Werkzeugen kann im VR-Bereich Neues geschaffen werden.
- **Vereinigte Arabische Emirate**
  - *MetaDubai*
    MetaDubai baut eine Metaverse-Stadt in Dubai auf, die auf Blockchain, NFT, KI und dezentraler Datenspeicherung basiert, um eine komplett virtuelle Welt zu entwickeln (inkl. Wirtschaftssystem und Anwendungen).
  - *Ripple*
    Das Blockchain-Zahlungsunternehmen *Ripple* hat die Eröffnung eines regionalen Hauptsitzes im *Dubai International Financial Center* angekündigt.

Es fällt bereits in der Übersicht auf, dass untereinander inkompatible Plattformen entwickelt werden. Setzt sich diese Entwicklung fort, dann steht diese Inkompatibilität der von vielen Playern erwarteten bzw. angestrebten **Interoperabilität** entgegen. Schließlich ist es ein wichtiges Ziel des Metaverse, virtuelle Assets und Identitäten plattformübergreifend „mitnehmen" zu können. Wer sich eine virtuelle *Balenciaga*-Hose bei *Roblox* kauft, will diese auch in *Decentraland* tragen.

Merk-Box

Die unterschiedlichen Entwicklungsansätze des Metaverse in den verschiedenen Ländern stehen – Stand heute – einer angestrebten Interoperabilität entgegen.

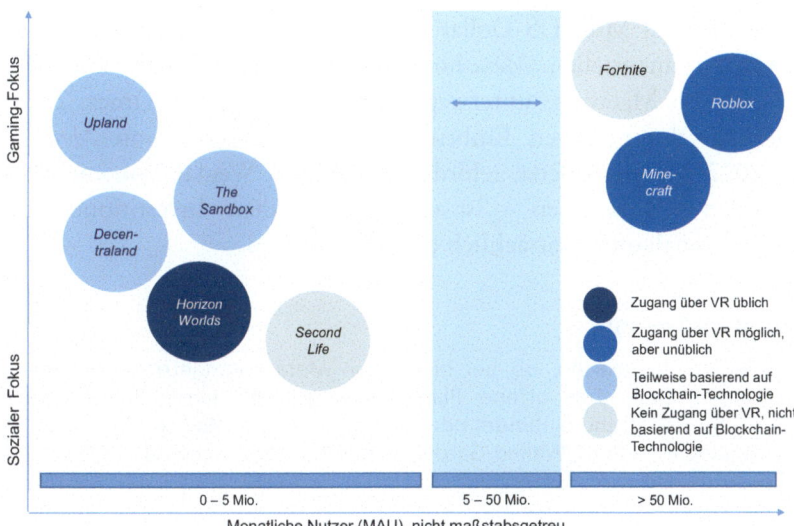

Abb. 2.3 Monatlich aktive Nutzende ausgewählter Plattformen. (Quelle: In Anlehnung an Ebert et al., 2022, S. 13)

Nachfolgend werden einige der bekanntesten und spannendsten Beispiele des Proto-Metaverse genauer analysiert. Abb. 2.3 führt hierfür die **Nutzerzahlen ausgewählter Proto-Metaverse-Angebote** zusammen (vgl. Ebert et al., 2022, S. 13). Diese Angebote sind zum einen auf einem Kontinuum zwischen Gaming und sozialer Interaktion positioniert. Zum anderen wird die Art der Nutzung ausgewiesen: Während bspw. bei *Horizon Worlds* ein Zugang über VR-Endgeräte üblich ist, ist dies bei *Second Life* und *Fortnite* nicht der Fall.

2.3.2.2 Horizon Worlds und Horizon Workrooms

Um die Ausrichtung seines Unternehmens in Richtung Metaverse zu unterstreichen, benannte *Mark Zuckerberg*, CEO von *Facebook,* im Jahr 2021 die gesamte Unternehmensgruppe in *Meta Platforms,* kurz *Meta,* um. Die zukünftige Entwicklung der gesamten Gruppe ist auf die Erschließung des Metaverse ausgerichtet. Dafür plante *Meta* im

Jahr 2021 zehn Mrd. US-Dollar zu investieren und in Europa 10.000 Mitarbeiter einzustellen. *Meta* hofft, dass bis zum Jahr 2030 eine Mrd. Nutzende im Metaverse unterwegs sein werden (vgl. IT-Times, 2021). Angesichts des massiven Einbruchs des Börsenwertes von *Meta* im Jahr 2022 – nicht zuletzt gefördert durch den Wegfall von mehreren Milliarden Werbeerlösen – ist unsicher, ob diese Investitionen und dieser Personalaufbau tatsächlich eintreten werden.

> **Food for Thought**
>
> Es bleibt abzuwarten, ob bei dieser von *Meta* vorangetriebenen Entwicklung eine eher offene Plattform angestrebt wird, die andere Anbieter umfassend einbindet oder ob doch eher ein **„Walled Metaverse"** in Analogie zu den „Walled Gardens" von *Amazon, Facebook, Google* & Co. aufgebaut wird.

In den USA und Kanada hat *Meta* Ende 2021 die sogenannten *Horizon Worlds* für alle über 18-Jährigen kostenlos eröffnet. Bei *Horizon Worlds* handelt es sich um ein soziales VR-Erlebnis. Hier kann gemeinsam geforscht und erschaffen werden. Das Ziel von *Meta* ist es, einen VR-Raum mit den besten Tools für Entwickler bereitzustellen, um gemeinsam Welten zu kreieren und zu erkunden. Um kreative Entwicklungen zu unterstützen, hat *Meta* einen mit zehn Mio. US-Dollar dotierten Creator Fund angekündigt. Das Ziel von *Meta* ist es, dass die Nutzer von *Horizon Worlds* nicht einfach nur Besucher bleiben, sondern die Welten gleichsam mit erschaffen (vgl. Meta, 2021a).

In Abb. 2.4 ist *Mark's Riverboat* zu sehen. Die grafisch eher einfache bzw. comicartige Darstellung ist auf die bereits beschriebene Herausforderung der synchronen Umsetzung von Interaktionen in Quasi-Echtzeit zurückzuführen. Was ebenfalls auffällt: Die Avatare in *Horizon Worlds* agieren ohne Beine. Auch dies hat technische Gründe: Die älteren VR-Headsets verfolgen nur Hand- und Kopfbewegungen und können daher auch nur diese bei den Avataren darstellen. Die beinlosen Avatare stoßen in der Öffentlichkeit jedoch eher auf Spott als auf Beliebtheit, daher verkündete *Meta* Ende 2022, entsprechende Änderungen umzusetzen und den Avataren Beine zu

Abb. 2.4 Mark's Riverboat. (Quelle: Meta, 2021a)

spendieren. Ein weiterer Bereich wird als *Horizon Venues* bezeichnet. Dieses ist inzwischen Teil von *Horizon Worlds*. Es ist ein Ort, an dem die Nutzenden in digitale Events eintauchen können.

> **Food for Thought**
>
> Ursprünglich hatte *Meta* gehofft, bis Ende 2022 eine Community von 500.000 monatlich aktiven Nutzenden aufzubauen. Berichten zufolge wurde dieses Ziel inzwischen auf 280.000 korrigiert. Die Anzahl der monatlich aktiven Nutzenden soll sogar bei weniger als 200.000 liegen. Es wird auch berichtet, dass die meisten *Horizon*-Nutzer nach dem ersten Monat nicht mehr zurückkehren. Den meisten „Welten" fehlt es folglich noch an der Bevölkerung! Interne Statistiken sollen zeigen, dass nur 9 % der von der Community aufgebauten virtuellen Welten jemals von 50 oder mehr Personen besucht werden. Die meisten werden überhaupt nicht besucht (vgl. Batchelor, 2022).
> Erfolg sieht anders aus!
> Vor allem wenn man sich vor Augen führt, dass die Social-Media-Plattformen von *Meta* – *Facebook*, *Instagram* und *WhatsApp* – über 3,5 Mrd. Nutzende pro Monat ausweisen. Das ist immerhin fast die Hälfte der Weltbevölkerung.

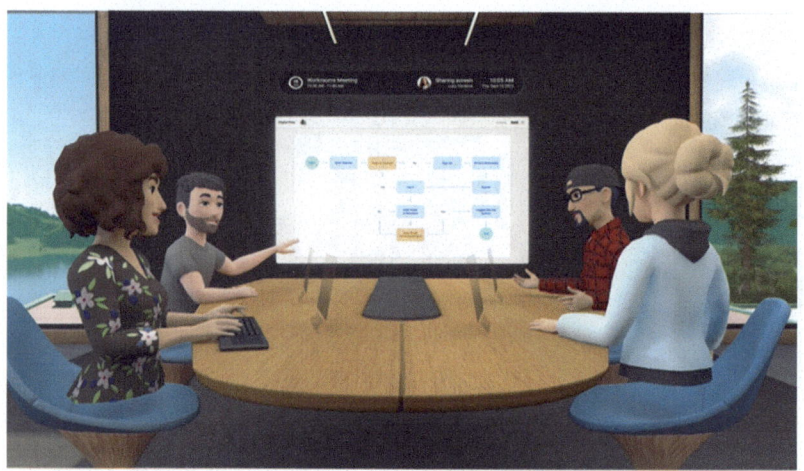

Abb. 2.5 Beispiel eines Horizon Workrooms. (Quelle: Meta, 2021b)

Einen **kollaborativen Anwendungsfall** des Metaverse stellt Meta mit *Horizon Workrooms* vor. Hierfür wurde eine Plattform erschaffen, die es Menschen ermöglicht, in einem virtuellen Raum zusammenzuarbeiten. Auf diese Weise können Personen unabhängig davon kooperieren, wo diese sich im analogen Leben gerade befinden. Nutzende können als Avatare an einer Besprechung in VR teilnehmen oder sich vom eigenen Computer aus per Videoanruf in den virtuellen Raum einwählen. In diesen Workrooms können – durch virtuelle Whiteboards unterstützt – Brainstormings stattfinden und gemeinsam an Dokumenten gearbeitet werden. Ein Beispiel der so agierenden Avatare findet sich in Abb. 2.5.

Seit Herbst 2022 kooperiert *Meta* in diesem Projekt mit *Microsoft*. Hierdurch sollen Anwendungen wie *Teams*, *Office* und *Windows* in die *Horizon Workrooms* integriert werden. Zusätzlich können vielfältige virtuelle Kontakte geknüpft und Gespräche geführt werden. Hierzu werden verschiedene Technologien kombiniert. Dazu zählen bspw. Funktionen wie Mixed Reality Tracking, Hand Tracking, Remote Desktop Streaming, die Integration von Videokonferenzen sowie räumliche

Audiolösungen. Außerdem können hier die *Oculus*-Avatare eingesetzt werden (vgl. Meta, 2021b).

2.3.2.3 Decentraland

Decentraland ist eine dezentralisierte 3D-VR-Plattform, die auf der *Ethereum* Blockchain basiert und die Währung *MANA* nutzt. Die Plattform besteht aus mehreren tausend Parzellen virtuellen Landes. Mitglieder können *MANA LAND* kaufen, einen NFT. Das Eigentum an *LAND* stellt das Eigentum an einem Stück der virtuellen Welt dar (vgl. Decentraland, 2022).

Ethereum wurde 2015 eingeführt und baut auf Bitcoin auf. Allerdings gibt es substanzielle Unterschiede. Mit beiden kann digitales Geld ohne Zahlungsanbieter oder Banken verwendet werden. Ethereum ist allerdings programmierbar, sodass auch dezentrale Apps in dessen Netzwerk erstellt und eingesetzt werden können. Dabei wird die Blockchain-Technologie genutzt, um Daten zu speichern oder die Apps zu steuern. Während Bitcoin ein Zahlungsnetzwerk ist, ist Ethereum eher ein Marktplatz für Finanzdienstleistungen, Spiele, soziale Netzwerke und andere Anwendungen (vgl. Ethereum, 2022).

In der Begrüßung nach der Registrierung schreibt *Decentraland* zu den Möglichkeiten der Plattform:

> „Du kannst an Veranstaltungen teilnehmen, Freundschaften schließen, unbekannte Länder und Orte erkunden, Spiele spielen und vieles mehr. Wenn du ein Creator bist, kannst du Szenen oder Spielerlebnisse erstellen und deine Kreationen, wie z. B. Wearables, zu Geld machen. Egal, ob du die virtuelle Welt einfach nur genießen oder zu ihr beitragen willst, *Decentraland* hat für jeden etwas zu bieten und wartet darauf, von dir entdeckt zu werden."

Um den eigenen Avatar zu erschaffen, kann auf verschiedenartigste, auch kostenpflichtige Angebote zugegriffen werden – so kommt dann auch die Kirsche auf dem Sahnehäubchen zustande (vgl. Abb. 2.6).

Abb. 2.6 Optionen zur Erschaffung eines Avatars. (Quelle: Decentraland, 2022)

> **Food for Thought**
> Hierbei stellt sich eine spannende Frage: Warum sind Menschen bereit, für die Ausstattung eines Avatars mit digitalen Accessoires von *Gucci*, *Prada* & Co. im Metaverse zu bezahlen, also ein Investment zu tätigen, durch das nichts Physisches, nichts Greifbares erworben wird? Die Antwort ist ganz einfach:
> **Digitale Assets erhöhen den persönlichen Status!**

Aber auch ohne große Investitionen lässt sich in *Decentraland* ein Avatar erstellen, wie die Autorin dieses Werkes im Selbstversuch herausgefunden hat. Auf stylische Kleidung und andere Gimmicks muss dann allerdings verzichtet werden. Gut also, wenn der eigene Selbstwert nicht an den Besitz von Dingen geknüpft wird – seien diese real oder virtuell (Anmerkung des Co-Autors!).

In *Decentraland* kann man Land erwerben. Die Anzahl der Parzellen ist allerdings auf 90.601 begrenzt. Wie die Menschen ihre virtuellen Grundstücke nutzen, bleibt diesen überlassen. Einige Parzellen sind inzwischen schon zu virtuellen Communities zusammengewachsen (vgl. Bitcoin-2go, 2022).

2.3.2.4 The Sandbox

Im Videospiel *The Sandbox* können verschiedene 3D-Welten bereits wie in einem Metaverse nebeneinander bespielt werden (vgl. Abb. 2.7). Hierbei werden wiederum verschiedene NFTs eingesetzt. Wer bspw. *LAND* als NFT besitzt, kann mit benachbarten Eigentümern kooperieren und auf seinem Grundstück Leistungen anbieten. Verschiedene Marken sind bei diesem Videospiel bereits Partnerschaften eingegangen. Auch Prominente wie bspw. *Paris Hilton* oder *Snoop Dogg* haben Grundstücke bzw. Präsenzen in *The Sandbox* entwickelt. *Snoop Dogg* baut dort ein *Snoopverse* auf, u. a. mit einer virtuellen Nachbildung seiner Villa in Kalifornien. Bisher haben nur Personen Zugriff auf das *Snoopverse*, die einen Betrag von 3000 US-Dollar bezahlen. Bereits Anfang Dezember 2021 begann ein Verkauf von Ländereien im *Snoopverse*. Der NFT-Sammler *P-Ape* kaufte sich ein Grundstück direkt neben der Villa des Rappers für 450.000 US-Dollar (vgl. esports.com, 2022). Neben *LAND* können in *The Sandbox* auch verschiedenste **digitale Assets** – also virtuelle Gegenstände – gekauft werden, um die eigenen Avatare auszustatten. Für finanzielle Transaktionen wird im

Abb. 2.7 Splash Screen von *The Sandbox*. (Quelle: Mit freundlicher Genehmigung von © The Sandbox)

Sandbox-Ökosystem die Krypto-Währung *SAND* eingesetzt, ein Token, der ebenfalls auf der *Ethereum* Blockchain basiert. *The Sandbox* gehört zum Unternehmen *Animoca Brands Corporation*.

2.3.2.5 Second Life

Virtuelles Land mit virtuellen Niederlassungen von Marken, virtuelle Filialen, virtuelle Modenschauen – viele der Phänomene, die unter dem Schlagwort Metaverse diskutiert werden, kennen wir vom Höhepunkt des *Second Life* Hypes in 2007. Was ist daraus geworden? *Second Life* lebt – mit hunderttausenden aktiven Nutzenden (vgl. Abb. 2.3). Allerdings hat *Second Life* bestimmte technologische Entwicklungen der Branche nicht mitgemacht. Die Einstiegsbarrieren in die Community und für das Erschaffen von Inhalten konnten im Vergleich zu anderen Plattformen nicht ausreichend verringert werden. *Second Life* ist deshalb heute zwar immer noch ein Wettbewerber am Markt der Metaverse-Plattformen, aber weder der größte noch der wichtigste (vgl. Ebert et al., 2022, S. 6). Einen Eindruck von *Second Life* vermittelt Abb. 2.8.

Abb. 2.8 Virtuelle Umgebung in *Second Life*. (Quelle: IGDB, 2022a)

2.3.2.6 Roblox

Roblox bietet Spieleentwicklerinnen und -entwicklern sowie Spielenden einen offenen Zugang, um neue **Spiele** und **digitale Erlebnisse** in der Welt selbst zu schaffen. Es handelt sich also nicht um ein einzelnes Spiel, sondern um eine Sammlung von mehr als 50 Mio. Spielen, die alle von der Gemeinschaft erstellt wurden. Der einfachste Vergleich ist der mit *YouTube:* eine riesige **Bibliothek von nutzergenerierten Inhalten**. Im Gegensatz zu *YouTube* handelt es sich bei *Roblox* um Spiele und nicht um Videos. Jeder kann ein Spiel oder eine Experience in Gestalt von virtuellen Räumen für *Roblox* erstellen. Hierfür ist die Software *Roblox Studio* herunterzuladen. Das Unternehmen gibt an, dass es mehr als zwei Mio. Creators hat. Das entspricht etwa 2 % der Spielenden. Die beliebtesten Spiele werden von bis zu 100.000 Personen gleichzeitig gespielt (vgl. The Guardian, 2019).

Die *Roblox*-Anwendung wird für das gewünschte Endgerät heruntergeladen. Diese kann dann zum Durchsuchen und Spielen des Spielekatalogs genutzt werden. Die sozialen Funktionen sind ebenfalls ein wichtiger Bestandteil von *Roblox,* einschließlich der Möglichkeit, Kontakte hinzuzufügen und mit ihnen während des Spiels zu chatten.

Die **virtuelle Währung** bei *Roblox* sind *Robux*. Es gibt verschiedene Möglichkeiten, *Robux* zu verdienen oder zu kaufen (vgl. Roblox, 2022):

- *Robux* können in der jeweiligen App gekauft werden.
- Konten mit Mitgliedschaft erhalten ein *Robux*-Stipendium.
- Konten mit einer Mitgliedschaft können Hemden, Hosen und Zugang zu Orten verkaufen und erhalten einen Anteil am Gewinn.
- Jeder Nutzende kann Spielpässe für *Robux* verkaufen. Konten ohne Mitgliedschaft erhalten einen kleineren Prozentsatz an dem Gewinn als Konten mit einer Mitgliedschaft.

Roblox wurde bereits 2006 offiziell gestartet und ist seitdem stetig gewachsen. Im Jahr 2022 wird die Plattform täglich von über 22 Mio. Menschen auf der ganzen Welt genutzt. Pro Monat sind es inzwischen über 220 Mio. aktive Spielende (vgl. ActivePlayer, 2022).

2.3.2.7 Fortnite

Fortnite ist eine Welt, die viele unterschiedliche Optionen bietet. Es gibt dort Tausende verschiedene **Spiele,** die zum Teil von *Epic Games,* zum Teil von Creators der Community erschaffen wurden. Zu diesen Spielen zählen die Folgenden (vgl. Epic Games, 2020):

- ***Battle Royale***
  In *Fortnite Battle Royale* springen Spielende über einer Insel ab und kämpfen so lange, bis nur noch eine Person übrig ist. Man kann das Genre auch als Team spielen. Mit den Materialien Holz, Stein und Metall können Gebäude errichtet werden. Regelmäßig werden neue Inhalte freigeschaltet, darunter neue Gegenstände, Waffen, Fahrzeuge, aber auch eigene Modi, besondere Events und Saisons. Jede neue Saison verändert die Insel mit einem eigenen Thema. Zum Beispiel wurde die Insel schon einmal von Geheimagenten übernommen und von einer Flut erfasst. Hierdurch verändern sich die zu meisternden Challenges immer wieder und halten das Spielformat interessant.
- ***Zero Build***
  Dieses Spiel ist sehr ähnlich wie *Fortnite Battle Royale* – nur eben ohne Bauen. Da das Bauen nicht zur Verfügung steht, erhalten die Spieler einen Schutzschild, der sich immer wieder auflädt.
- ***Creative***
  Im Kreativmodus stehen den Creators alle Möglichkeiten von *Fortnite* offen. Es können allein oder im Team eigene Inseln oder ganze Welten erschaffen werden. Über das „Unterstütze einen Creator"-Programm können diese Inhalte monetarisiert werden.
- ***Save the World***
  In *Fortnite Save the World* müssen die Spielenden als Team eine Welt retten. Hierbei müssen Monsterhorden abgewehrt werden. Im Kampf gegen diese Monster, die sogenannten *Husks,* gewinnen Spielende immer mehr an Stärke, indem sie Gegenstände erbeuten, Waffen herstellen, Wildtiere zähmen und die Auswahl an Heldinnen und Helden ständig erweitern.

Fortnite hat mehr als 20 Mio. täglich aktive Nutzende (Daily Active Users, DAUs). Innerhalb der *Fortnite*-Welt werden auch **Konzerte** veranstaltet – mehr als 27 Mio. Spieler haben im April 2020 bspw. einen Auftritt von *Travis Scott* besucht. Zwischen 2018 und 2020 hat *Fortnite* mehr als 14 Mrd. US-Dollar an Transaktionen generiert (vgl. Elmasry et al., 2022, S. 19).

Fortnite Battle Royale ist kostenfrei spielbar und kann gratis für PC, *PlayStation* oder *Xbox* heruntergeladen werden. Die *Save-the-World*-Variante hingegen kostet 15,99 Euro und lässt sich über den *Epic Games* Store beziehen. Abgesehen davon setzt *Fortnite* im *Battle Royale* auf **Mikrotransaktionen**. Mit der **Ingame-Währung** *V-Bucks* können bspw. Skins oder Tänze erworben werden. Zurzeit (Q3 2022) sind 1000 *V-Bucks* für 7,99 Euro im *Epic Games* Store zu haben.

2.3.2.8 Minecraft

Menschen jeden Alters verabreden sich in *Minecraft*, um gemeinsam zu spielen oder Objekte zu bauen. Mittlerweile wurden bspw. Taschenrechner, *Game Boys*, PCs, sogar ganze Bahnhöfe in *Minecraft* nachgebaut. Dies als reine Spielerei abzutun, greift zu kurz. Spricht man bspw. mit Jugendlichen über ihre Bauten in *Minecraft*, dann sprechen sie mit Stolz über ihr Werk, denn es steckt echte Arbeit in diesen Bauwerken – auch wenn es sich „nur" um virtuelle Welten handelt. Man kann den Schöpfer- und Urhebergeist förmlich greifen. Daher passt der Begriff Creator hier besonders gut (vgl. Bitkom, 2022, S. 6).

In einer Partnerschaft von *Minecraft* und *BBC Earth* wurde *Minecraft Frozen Worlds* entwickelt. Dabei handelt es sich um fünf *Minecraft*-Welten, die den vereisten Gebieten unseres Planeten entsprechen. Das mitgelieferte pädagogische Begleitmaterial ermöglicht es Lehrerinnen und Erziehern, den Kindern das Leben in diesen Welten aus der Perspektive der dort lebenden Tiere zu vermitteln. Ähnliche Inhalte existieren auch für andere Biotope – immer in der charakteristischen Minecraft-Ästhetik (vgl. Abb. 2.9).

Abb. 2.9 Flora und Fauna in *Minecraft*. (Quelle: IGDB, 2022b)

2.3.2.9 Upland

Upland ist eine virtuelle Immobilienplattform, die es den Spielenden ermöglicht, in einer lebendigen und dynamischen Welt virtuelle Immobilien zu kaufen, zu verkaufen und zu verwalten – einschließlich festlicher Dekoration während der Weihnachtszeit (siehe Abb. 2.10). Das Besondere an *Upland* ist die Kombination aus Immobilienbesitz, digitalen Vermögenswerten und Spielelementen, die es zu einem bisher einzigartigen Erlebnis für die Nutzenden macht. Die sogenannten *Uplanders* erkunden Städte, um digitale Vermögenswerte zu „schürfen" – also computergestützt komplexe Rechenaufgaben zu lösen. Die so gewonnenen digitalen Assets werden dann zur Vervollständigung der eigenen Immobiliensammlungen verwendet oder auf dem offenen Markt verkauft. Mit einer breiten Palette von Immobilien – von Wohn- bis hin zu Gewerbeobjekten – können die Spielenden ihr eigenes virtuelles Portfolio aufbauen und an einer virtuellen Wirtschaft teilnehmen. *Upland* basiert auf der Blockchain-Technologie, und die benutzerfreundliche Oberfläche macht es jedem leicht, mitzumachen, egal ob es sich um erfahrene Gamer oder Neulinge in der Welt der virtuellen Immobilien handelt. Die Vision der Gründer für *Upland*:

2 Wo wir stehen

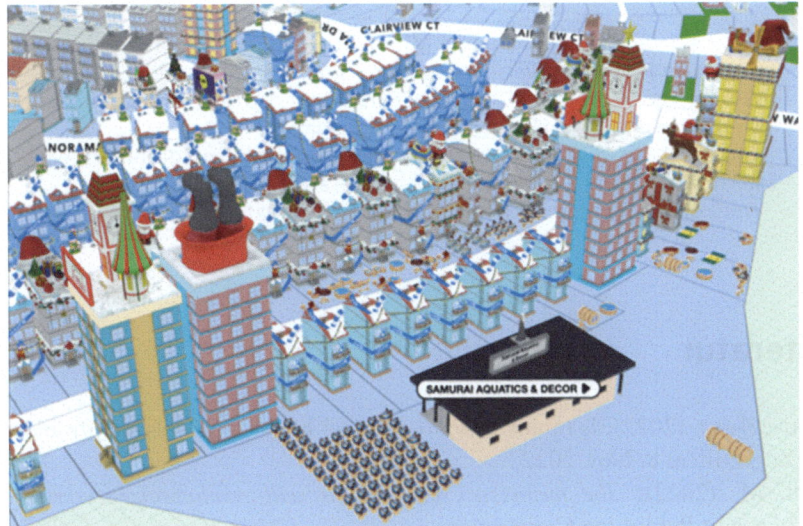

Abb. 2.10 *Upland* in der Weihnachtszeit. (Quelle: Mit freundlicher Genehmigung von © *Upland*)

eine Metaverse-Welt, in der die Menschen nicht nur spielen, sondern auch Kontakte knüpfen und schließlich Geld verdienen können. Außerdem soll *Upland* zu einem Erlebnis werden, das weit über das reine Immobiliensammeln hinausgeht. Stadtführungen, Schnitzeljagden, Schatzsuchen, versteckte Piñatas und Live-Immobilienauktionen sind nur einige der Abenteuer, die auf die Nutzenden in *Upland* warten (vgl. Upland, 2023).

Die Komponenten, die bei den bisher beschriebenen Ausprägungen des Proto-Metaverse im Einsatz sind, werden im nachfolgenden Kapitel vertieft.

> **Fragen, die Sie sich stellen sollten**
> - Welche Erfahrungen wurden mit den verschiedenen Ausprägungen des Proto-Metaverse in unserem Unternehmen bereits gewonnen?
> - Gibt es eine Gesamtperspektive auf diese Erfahrungen?

- Welche Erfahrungen haben die Mitarbeitenden unseres Unternehmens bereits im Proto-Metaverse gewonnen – im privaten Umfeld?
- Welche dieser Personen würden sich gerne bei einem Projekt zum Metaverse in unserem Unternehmen engagieren?
- Welche Stelle in unserem Unternehmen wäre dafür prädestiniert, eine solche Befragung anzustoßen und als Metaverse-Hub zu fungieren?
- Wer könnte für eine solche Entwicklung die Initiative ergreifen?

Literatur

ActivePlayer. (2022). Is roblox down right now? https://activeplayer.io/roblox/. Zugegriffen: 8. Nov. 2022.

Ball, M. (2022). *The metaverse: And how it will revolutionize everything*. Liveright Publishing Corporation.

Batchelor, J. (2022). Meta's flagship metaverse Horizon Worlds struggling to attract and retain users. https://www.gamesindustry.biz/metas-flagship-metaverse-horizon-worlds-struggling-to-attract-and-retain-users. Zugegriffen: 11. Nov. 2022.

Bitcoin-2go. (2022). Was ist Decentraland? https://bitcoin-2go.de/decentraland-mana/. Zugegriffen: 11. Nov. 2022.

Bitkom. (Hrsg.). (2022). Wegweiser in das Metaverse. Technologische und rechtliche Grundlagen, geschäftliche Potenziale, gesellschaftliche Bedeutung. Bitkom e. V. https://www.bitkom.org/sites/main/files/2022-07/220714_LF_Metaverse.pdf. Zugegriffen: 7. Dez. 2022.

Bobier, J. F., Merey, T., Robnett, S., Grebe, M., Feng, J., Rehberg, B., Woolsey, K., & Hazan, J. (2022). The corporate Hitchhiker's guide to the metaverse. Whitepaper. BCG. https://www.bcg.com/de-de/publications/2022/a-corporate-guide-to-enter-the-metaverse-explained. Zugegriffen 30. Aug. 2022.

Decentraland. (2022). Decentraland Press Kit. https://decentraland.org/press/. Zugegriffen: 23. Dez. 2022.

Dual Universe. (2022). The space MMO entirely built and driven by players. https://www.dualuniverse.game/. Zugegriffen: 9. Febr. 2022.

Ebert, F., Grewe, H., & Spachmann, K. (2022). *Metaverse oder Metacurse?* Whitepaper. Liganova.

Epic Games. (2020). What is Fortnite? Beginner's guide. https://www.epicgames.com/fortnite/en-US/news/what-is-fortnite-beginners-guide?lang=en-US. Zugegriffen: 2. Okt. 2022.

esports.com. (2022). "Snoopverse" – Snoop Dogg bekommt teuren Nachbarn in eigener Metaverse-Welt. https://www.esports.com/de/snoop-dogg-bekommt-einen-neuen-nachbar-in-der-metaverse-snoopverse-316876. Zugegriffen: 2. Okt. 2022

Ethereum. (2022). The foundation for our digital future. https://ethereum.org/en/what-is-ethereum/. Zugegriffen: 2. Okt. 2022.

IGDB. (2022a). Second Life Press Kit. https://www.igdb.com/games/second-life/presskit#images. Zugegriffen: 23. Dez. 2022.

IGDB. (2022b). Minecraft Press kit. https://www.igdb.com/games/minecraft/presskit#images. Zugegriffen: 23. Dez. 2022.

Internetworld. (2022). Diese 10 Big Player investieren ins Metaverse. https://www.internetworld.de/digitaler-handel/10-big-player-investieren-metaverse-2791469.html?ganzseitig=1. Zugegriffen: 1. Sept. 2022.

IT-Times. (2021). Facebook will 10.000 Mitarbeiter in Europa für das Metaverse anheuern. https://www.it-times.de/news/facebook-will-10-000-mitarbeiter-innen-in-europa-fuer-das-Metaverse-anheuern-140297/. Zugegriffen: 21. Febr. 2022.

Lukas, C. (2022). Senior Manager/Creative Director, phuturistic.studio @ PwC, Interview und Screenshots vom 20.07.2022.

Macaulay, T. (2022). Web inventor Tim Berners-Lee: Screw Web3 – My decentralized internet doesn't need blockchain. https://thenextweb.com/news/web-inventor-tim-berners-lee-screw-web3-my-decentralized-internet-doesnt-need-blockchain. Zugegriffen: 1. Sept. 2022.

Meta. (2021a). Introducing horizon workrooms: Remote collaboration reimagined. https://about.fb.com/news/2021/08/introducing-horizon-workrooms-remote-collaboration-reimagined. Zugegriffen: 21. Febr. 2022.

Meta. (2021b). Opening horizon worlds to everyone 18+ in the US and Canada. https://about.fb.com/news/2021/12/horizon-worlds-open-in-us-and-canada. Zugegriffen: 9. Febr. 2022.

Moy, C., & Gadgil, A. (2022). Opportunities in the metaverse. How businesses can explore the metaverse and navigate the hype vs. reality. Whitepaper. J.P. Morgan. https://www.jpmorgan.com/content/dam/jpm/treasury-services/documents/opportunities-in-the-metaverse.pdf. Zugegriffen: 30. Aug. 2022.

Neos VR. (2022). Neos. https://store.steampowered.com/app/740250/Neos_VR/. Zugegriffen: 9. Febr. 2022.

Newzoo. (2021). Intro to the Metaverse. Newzoo Trend Report 2021. https://newzoo.com/insights/trend-reports/newzoo-intro-to-the-metaverse-report-2021-free-version. Zugegriffen: 28. Aug. 2022.

Ning, H., Wang, H., Lin, Y., Wang, W., Dhelim, S., Farha, F., Ding, J., & Daneshmand, M. (2021). A survey on metaverse: The state-of-the-art, technologies, applications, and challenges. arXiv preprint arXiv:http://arxiv.org/abs/2111.09673.

Perri, L. (2022). What's new in the 2022 gartner hype cycle for emerging technologies. https://www.gartner.com/en/articles/what-s-new-in-the-2022-gartner-hype-cycle-for-emerging-technologies. Zugegriffen: 26. Sept. 2022.

PwC. (2022). Demystifying web3. https://www.pwc.com/us/en/tech-effect/emerging-tech/what-is-web3.html. Zugegriffen: 12. Sept. 2022.

Rehms, W., & Seyfried, M. L. (2022). Geschäftsführer, Drehbuch und Regie, ThirdXeye, Interview und Screenshots vom 15.07.2022.

Roblox. (2022). Robux erhalten. https://en.help.roblox.com/hc/de/articles/203313200-Robux-erhalten. Zugegriffen: 2. Okt. 2022.

The Guardian. (2019). All you need to know about Roblox. https://www.theguardian.com/games/2019/sep/28/roblox-guide-children-gaming-platform-developer-minecraft-fortnite. Zugegriffen: 2. Okt. 2022.

Upland. (2023). Introduction. https://www.upland.me/guides-and-tutorials/introduction. Zugegriffen: 3. Febr. 2023.

Elmasry, T., Hazan, E., Khan, H., Kelly, G., Srivastava, S., Yee, L., & Zemmel, R. W. (2022). Value creation in the metaverse, the real business of the virtual world. Whitepaper. McKinsey. https://www.mckinsey.com/capabilities/growth-marketing-and-sales/our-insights/value-creation-in-the-metaverse . Zugegriffen: 30. Aug. 2022.

3

Was wir benötigen

Zusammenfassung Das Metaverse fällt nicht vom Himmel. Bestimmte Voraussetzungen – oder Komponenten – sind notwendig, damit Metaverse-Welten aktiv genutzt werden können. Diese Komponenten sind sowohl inhaltlicher, technologischer als auch rechtlicher Natur. Schlussendlich spielen die Monetarisierungsoptionen eine wichtige Rolle. Dieses Kapitel stellt die Komponenten im Einzelnen vor.

3.1 Übersicht: wichtige Komponenten des Metaverse

In Kap. 1 haben wir den Begriff „Metaverse" definiert. Jetzt gilt es herauszuarbeiten, welche **Komponenten** wir benötigen, um das Metaverse für die Menschen nutzbar zu machen. Dazu werfen wir erneut einen Blick auf die Entwicklung des Internets und schauen uns anschließend an, welche Komponenten bereits identifiziert wurden.

Ergänzende Information Die elektronische Version dieses Kapitels enthält Zusatzmaterial, auf das über folgenden Link zugegriffen werden kann https://doi.org/10.1007/978-3-658-40438-3_3.

© Der/die Autor(en), exklusiv lizenziert an Springer Fachmedien Wiesbaden GmbH, ein Teil von Springer Nature 2023
R. T. Kreutzer und S. Klose, *Metaverse kompakt*,
https://doi.org/10.1007/978-3-658-40438-3_3

Das Internet wurde ein bahnbrechender Erfolg, weil mehrere Dinge zusammenkamen:

- Ausreichende Infrastruktur
- Offene Standards
- Einfache Bedienbarkeit
- Für (fast) alle verfügbare Hardware zu immer erschwinglicheren Preisen
- Vor allem viel, teilweise aber auch guter Content
- Awareness – eine ausreichend große Anzahl an Menschen kannte das Internet und wollte daran teilhaben

Ein ähnliches Zusammentreffen verschiedener Gegebenheiten ist auch für einen möglichen Siegeszug des Metaverse erforderlich. Analysiert man bereits erschienene Publikationen zum Metaverse, so findet man wichtige **Vorhersagen der notwenigen Komponenten** (vgl. Ball, 2022; BCG: Abovitz et al., 2022; Bobier et al., 2022; Bitkom, 2022; Gartner: Gupta, 2022; McKinsey: Elmasry et al., 2022; Newzoo, 2021; PwC, 2022a). In Abb. 3.1 wurden diese zusammengetragen und systematisiert.

Die hier identifizierten Komponenten liefern die Orientierung für die Vorstellung der einzelnen Leistungsbausteine.

3.2 Inhalte und Use Cases im Metaverse

Eine große Bedeutung kommt im Metaverse den **virtuellen Plattformen** zu. Erst diese Plattformen ermöglichen die digitalen und häufig dreidimensionalen Simulationen. Sie müssen es den Nutzenden erlauben, sich in diesen Welten einfach zu bewegen, Neues zu erschaffen und mit anderen zu interagieren. Hierfür ist es notwendig, ein umfassendes **Ökosystem** mit einer Vielzahl von Creators inkl. eines motivierenden **Incentivierungssystems** aufzubauen und kontinuierlich weiterzuentwickeln. Zurzeit lässt sich diese Entwicklung hin zur direkten Interaktion zwischen Creators und Publikum bereits auf vielen Internet-Plattformen beobachten. Über *YouTube, Instagram,*

3 Was wir benötigen

		Ball	BCG	Bitkom	Gartner	McKinsey	Newzoo	PwC
Inhalte	Arbeit, Bildung, Freizeit, Shopping, Gesundheit	x	x	x	x	x	x	
	Plattformen			x	x		x	
	Software/Apps		x	x			x	
	Digital Twins	x						
	Avatare		x	x		x		x
Infrastruktur	Hardware	x	x	x		x		x
	Geräteunabhängigkeit				x			
	Netzwerke	x	x	x	x	x		
	Cloud-Infrastruktur		x				x	
	Rechenleistung	x	x	x				
	Standards	x	x					x
Technologie	Virtuelle und erweiterte Welten	x	x	x		x	x	x
	Blockchain	x	x	x			x	x
	Künstliche Intelligenz		x	x	x		x	
	Game Engine	x						
Monetarisierung/Economy	Payment	x					x	
	Digitale Assets	x	x	x	x	x	x	x
	Crypto Wallets						x	
	Digitale Währung				x			x
	Digitaler Marktplatz/Commerce			x	x			
Regulierung	Identitätsmanagement			x		x	x	x
	Cybersecurity					x		x
	Datenschutz					x		x
	Regeln und Vollstreckungsmechanismen					x		x

Abb. 3.1 Übersicht der Komponenten für das Metaverse

TikTok, Twitch etc. verkaufen Creators digitale Güter direkt an ihre Followerinnen und Follower.

Die Creators benötigen zur Entwicklung von Inhalten für das Metaverse **Softwarelösungen** und **Apps**, um dreidimensionale Assets zu entwickeln. Damit wird es ermöglicht, Prototypen, Produktmodelle und komplette virtuelle Showrooms zu erstellen. Darüber hinaus bieten Plattformen wie *Roblox* ihren Nutzenden die Möglichkeit, eigene Apps (wie bspw. Spiele) zu entwickeln. Wichtig: Der Begriff App im Kontext des Metaverse steht nicht zwangsläufig für eine App im Sinne einer klassischen Smartphone-App für *iOS* oder *Android*. Hier steht App vielmehr für die ursprüngliche Bedeutung einer Application bzw. einer „Anwendung" – unabhängig vom verwendeten Endgerät. Viele der heute schon existierenden Proto-Metaverse-Welten wie *Decentraland* sind nicht über das Smartphone nutzbar, sondern über den Desktop oder ein VR- bzw. AR-Headset.

Um herauszufinden, welche Inhalte im B2C- und B2B-Bereich schon jetzt nachgefragt werden, befragte McKinsey im Mai 2022 mehr als 3000 Privatpersonen sowie Führungskräfte der C-Ebene aus 448 Unternehmen (vgl. Elmasry et al., 2022). Die B2C-Studie befragte Menschen aus elf Ländern (Europa, Nordamerika und Asien), die B2B-Studie umfasste Unternehmen aus 15 Wirtschaftszweigen, zehn Ländern (Europa, Nordamerika und Asien) und mit einer Belegschaft von weniger als zehn bis zu mehr als 10.000 Mitarbeitenden.

Die **Top-5-Aktivitäten der Privatpersonen im Metaverse** sind laut dieser Studie (vgl. Elmasry et al., 2022):

- Unterhaltung
- Gaming
- Reisen
- Einkaufen
- Weitere soziale Interaktionen

Die **Top-5-Anwendungsfälle der Unternehmen im Metaverse** sind (vgl. Elmasry et al., 2022):

- Marketingkampagnen
- Weiterbildung und Entwicklung der Beschäftigten
- Meetings
- Veranstaltungen und Konferenzen
- Produktdesign, inkl. Digital Twins

Zurzeit sind die Welten und Inhalte im Metaverse visuell teilweise noch an ihre Pendants in der physischen Welt angelehnt. Sie ahmen diese ungeachtet der Notwendigkeit formalästhetisch nach, etwa durch visuell dargestellte Boxen bei virtuellen Konzerten. Hierbei kommt es zum sogenannten **Skeuomorphismus.** Dies ist eine Stilrichtung – vor allem beim Design – bei der sich Objekte in ihrer Gestaltung in einem anderen Material oder in einer veränderten Form an älteren, vielfach auch an vertrauten Gegenständen orientieren, ohne dass dies mit der Funktionalität der Objekte zu begründen wäre. Hierdurch wird häufig versucht, Gegenstände entweder vertrauter und/oder hochwertiger erscheinen zu lassen – auch bei verändertem Material oder einer veränderten Präsentationsform.

Diesen Skeuomorphismus kennen wir von mobilen Apps, in denen bspw. die digitale Notizen-App einem physischen Schreibblock nachempfunden ist. Bereits in dieser jetzigen frühen Phase des Metaverse ist jedoch erkennbar, dass der Skeuomorphismus nachlässt. Die digitalen Designs orientieren sich zunehmend an anderen Quellen, wie etwa Games und Theaterinszenierungen. Auf diese Weise entstehen ganz neue Formen, die vielfach erst durch die Digitalisierung möglich werden (vgl. Ebert et al., 2022, S. 35).

3.2.1 Arbeiten im Metaverse

In Metaverse-Welten können Menschen unternehmensintern wie auch unternehmensübergreifend zusammenarbeiten und sich ortsunabhängig für ganz unterschiedliche Anwendungsfälle live in einem virtuellen Raum treffen. In dieser **virtuellen Kreativumgebung** ist prinzipiell alles möglich, was auch in einem realen Bürogebäude machbar ist: Meetings, Konferenzen, Trainings, Brainstorming-Sessions, aber auch ein informeller Austausch. In VR-Umgebungen existieren ein anderes Gefühl von Präsenz und weitere Möglichkeiten der Remote-Zusammenarbeit als in einer klassischen Videokonferenz (vgl. PwC, 2022b). Im virtuellen Raum entsteht das Gefühl, tatsächlich mit anderen Personen in einem gemeinsamen Raum zu sein. Schließlich kann auch direkt miteinander interagiert werden. Gemeinsam lassen sich bspw. virtuelle Gegenstände begutachten und verändern. Gedanken können an gemeinsam genutzten Whiteboards festhalten werden. Man kann sich auch einfach nur einmal die Hände schütteln oder High Five geben (vgl. Bitkom, 2022, S. 32).

> **Merk-Box**
>
> Die bisher bereits bestehenden **Kollaborationsplattformen** sind lediglich der erste Schritt hin zu einem umfassenderen Metaverse, in dem – idealerweise – plattformübergreifend zusammengearbeitet werden kann und in das auch virtuelle Gegenstände mitgenommen werden können.

> **Interview phuturistic.Studio @ PwC Deutschland**
>
> Das Team des *phuturistic.studio* bei *PwC Deutschland* begann schon 2020, bevor das Wort Metaverse überhaupt geläufig war, zusammen mit ihrem Agenturpartner demodern, eine virtuelle Business- und Recruiting-Plattform zu entwickeln. *Carsten Lukas* (CL), Senior Manager & Creative Director des *phuturistic.studio,* stellt dieses Projekt in einem Interview mit der Autorin und dem Autor (A) vor.
>
> A: **Was ist das *phuturistic.studio*, und was passiert dort?**
> CL: Wir sind ein international ausgezeichnetes Kreativteam und bilden bei *PwC Deutschland* eine kleine, interne „Spezialeinheit" für Brand Experience, Design und Innovationsprojekte. Unsere Schwerpunkte sind auf der einen Seite **Product and Service Positioning,** d. h. Positionierungen und Kommunikationskonzepte, sowie die **Gestaltung von visuell eigenständigen Erscheinungsbildern** innerhalb des *PwC* Corporate Designs für verschiedene Abteilungen und Themen. Auf der anderen Seite entwickeln wir digitale Innovationsprojekte wie **AR- und VR-**

3 Was wir benötigen   63

Abb. 3.2 *PwC Virtual Spaces*. (Quelle: Lukas, 2022)

	Anwendungen oder auch **digitale Produkte,** wie z. B. *PwC Virtual Spaces,* eine eigene Metaverse-Plattform (vgl. Abb. 3.2).
A:	**Was für eine Plattform können wir uns darunter vorstellen?**
CL:	*PwC Virtual Spaces* ist im Grunde eine **virtuelle Business- und Kommunikationsplattform.** Letztendlich geht es darum, die digitale Interaktion und Kollaboration zwischen Kollegen sowie mit Kunden mit einem eigenen, *PwC*-konformen, digitalen Tool auf ein anderes Level zu heben. Gerade für Recruiting und Onboarding, große und kleine Interaktionsformate oder sogar länderübergreifende Transformationsprojekte mit großen internationalen Kunden, bei denen sich die Teams bisher höchstens einmal in Videocalls treffen, ist dieses Produkt gedacht. Um die Menschen näher zusammenrücken zu lassen, wenn man sich nur digital begegnen kann.
A:	**Was genau unterscheidet diese Plattform von existierenden Tools zur Kollaboration?**
CL:	Im Vergleich zu den meisten Plattformen ist *PwC Virtual Spaces* webbasiert und läuft im Browser, selbst auf nicht mehr ganz aktuellen Rechnern, noch flüssig. Im Vergleich zu den „klassischen" Kommunikations- und Kollaborationstools, wie z. B. *Google Meet* oder *MS Teams,* haben wir verschiedene

virtuelle Räume und Umgebungen. Die ganzen zwischenmenschlichen Begegnungen, die eigentlich im Büro und zwischen den Meetings passieren, finden bei den klassischen Kommunikations-/Kollaborations-Tools nicht statt.

Das ist der Vorteil, den eine virtuelle Plattform hat, in der man als Avatar unterwegs ist. Man kann in Pausen über jemanden stolpern oder auch bei Workshops und Events ganz gezielt auf Leute zugehen und mit ihnen chatten oder einen Video-Call starten. Es ist sogar ganz einfach möglich, **Calls** mit großen Gruppen durchzuführen. Außerdem besteht die Möglichkeit, jede Art von **Content** einzubinden, der auch auf einer normalen Website angezeigt werden kann. Sogar live in die Plattform zu **streamen**, ist möglich – nicht nur klassisch in 16:9, sondern auch als Freisteller-Video aus dem Greenscreen direkt auf die virtuelle Bühne.

Außerdem haben wir den globalen **Compliance**-Prozess bei *PwC* durchlaufen und sind sogar für das **Arbeiten mit sensiblen Kundendaten** zertifiziert. Weiterhin kann man grundsätzlich alle webbasierten Tools und Dokumente einbinden, mit denen man täglich zu tun hat, und zum Teil sogar aus der Plattform heraus damit arbeiten.

A: **Wie sieht die technische Umsetzung aus?**
CL: Rein technisch gesehen ist *PwC Virtual Spaces* eine Website, welche auf der von der *PwC*-IT gemanagten Infrastruktur läuft. Man muss keine Software herunterladen oder Plugins installieren – bei uns sind alle Funktionen, vom Chat und Videocall bis hin zur Content-Pflege und Event-Steuerung, in die Plattform integriert. Aktuell noch auf die Nutzung über Desktop optimiert, sind der Zugang über VR-Devices und Mobile bereits in Planung. Der Zugang erfolgt bei Mitarbeitern ganz bequem über das *PwC*-SSO (Single Sign-on) und für externe Benutzer über einen sicheren Link, den wir individuell per E-Mail verschicken.
A: **Es gibt ja mittlerweile verschiedene Plattformen im Proto-Metaverse, auf denen ähnliche Dinge möglich sind. Warum nutzt *PwC* nicht eine der existierenden Lösungen, anstatt etwas Eigenes zu bauen?**
CL: Unsere Lösung ist ganz klar eine auf unsere Bedürfnisse als Wirtschaftsprüfungs- und Beratungsgesellschaft ausgerichtete **Business-Plattform** – sowohl technologisch als auch von den Voraussetzungen, die für die Nutzung bestehen. Wir müssen im höchsten Maße inklusiv sein. Die Plattform muss bspw. auf

jedem *PwC*-Rechner laufen, was auf jeden Fall eine große Herausforderung für diese Art von Applikation ist. Genauso muss der Zugang auch ganz einfach außerhalb der *PwC*-Welt funktionieren. Außerdem war uns wichtig, dass alle *PwC*-Mitarbeiter die Plattform ohne spezielle oder zusätzliche Hardware nutzen können. Und so schön etwa VR-Experiences auch sein mögen, nicht alle Use Cases sind sinnvoll in VR umzusetzen. Außerdem kommt nicht jeder gut damit klar – und nur wenige besitzen bisher überhaupt Headsets.

Ein weiterer essenzieller Faktor war die **Brand und User Experience.** Wir haben das gesamte Design, von der Welt bis zu den Avataren, aus der Marke und den Werten von PwC heraus entwickelt. Das ist ein absolutes Alleinstellungsmerkmal und wäre so auf einer externen Plattform nicht möglich gewesen. Außerdem haben wir zusammen mit unserem Agenturpartner *demodern* die gesamte Technologie in unserer Hand und können diese nach unseren Bedürfnissen anpassen und weiterentwickeln, ohne uns nach der Roadmap eines externen Dienstleisters richten zu müssen.

A: **Vielen Dank, Herr Lukas, für die spannenden Insights.**

Nicht nur die **Kommunikationsqualität**, auch die **Produktivität von Mitarbeitenden** kann durch AR- und VR-Anwendungen erhöht werden. Hierbei ist bspw. an Trainings und Meetings zu denken, die ins Metaverse verlagert werden. Eine 3D-Visualisierung von Räumen und Teilnehmenden, aber auch von Maschinen und Produktionsanlagen kann die Qualität der Zusammenarbeit und der Leistung steigern. Die **Schaffung sicherer digitaler Identitäten** ist auch hier von Bedeutung. Eine weitere Herausforderung liegt darin, digitale und analoge Geschäftsprozesse in der Metaverse-Ökonomie zusammenzuführen. Hierzu kann der Einsatz von **Digital Twins** beitragen – in der Produktentwicklung, der Fertigung, aber auch entlang der gesamten Wertschöpfungskette. Hierzu gehört auch die Vernetzung mit anderen Leistungspartnern.

Merk-Box

Ein **Digital Twin** ist die virtuelle, realitätsgetreue Simulation eines realen physischen Objekts oder Systems, die ständig aktualisiert wird. Die

> digitale Kopie kann von einem Bauteil bis hin zu einer kompletten dreidimensionalen Visualisierung des gesamten Planeten reichen. Es gibt zwei unterschiedlich komplexe Abbildungen realer Objekte: Die einfachere Abbildung zielt auf eine reine Visualisierung, die komplexere Abbildung ermöglicht auch Interaktionen.
> Die reine Visualisierung eignet sich bspw. für virtuelle Begehungen, Schulungsanwendungen oder die Spieleentwicklung. Zur Realisierung reichen oft ein CAD-Modell eines Werkstücks, ein genauer 3D-Plan eines Gebäudes oder Satelliten- bzw. Luftbilddaten für eine komplette Region, um ein nutzbares Modell zu schaffen. Der höhere Wert eines Digital Twins liegt aber in der **Einbindung der Sensorik und der Interaktion.** So können verbundene Maschinen und Geräte Daten mit ihrem Digital Twin austauschen und umgekehrt. Das ermöglicht letztlich sogar, Informationen und Prozesse zu realisieren, die in der Realität nicht umsetzbar sind (vgl. Bitkom, 2022, S. 34; vertiefend zum Digital Twin Kreutzer, 2021b, S. 290–291).

Hier findet sich auch ein wichtiger Mehrwert des Metaverse. Genau wie der Digital Twin lässt sich das Metaverse nicht auf eine schlichte 3D-Repräsentanz reduzieren. Die Technologie ermöglicht es, dass hochkomplexe Fabrikationsabläufe nicht nur aus der Ferne überwacht und gesteuert werden können. Vielmehr können zusätzliche kontextuelle Informationen sichtbar gemacht werden, die dem bloßen Auge nicht zugänglich sind, wie etwa Maschinendaten zur aktuellen Belastungssituation. Auf diese Art können Prozesse optimiert und automatisiert werden. Außerdem wird eine Zusammenarbeit über Landesgrenzen hinweg ermöglicht, wie das nachfolgend beschriebene Projekt der Agentur *Connected Reality* illustriert.

> **Interview Connected Reality**
>
> Die Fullservice-Agentur *Connected Reality* befasst sich mit „XR for Business" – Gründer und CEO Christoph *Ostler* (CO) stellt in einem Interview vor, wie die Entwicklung einer VR-Experience für einen Automobil-Zulieferer ablief und welches Instrument er zu Projektstarts nutzt.
>
> A: Welches ist einer der erfolgreichsten Use Cases von *Connected Reality?*

Abb. 3.3 Projekt für *Bühler Motor*. (Quelle: Ostler, 2022)

CO: Ein sehr spannender Case ist das Projekt mit *Bühler Motor* – zum einen, weil es grundsätzlich einfach ist und dem Unternehmen sehr viele Vorteile bringt. Zum anderen, weil durch das erste Projekt im Unternehmen selbst vieles angestoßen wurde.

Für den führenden **Automotive-Zulieferer** *Bühler Motor* haben wir eine **Virtual Reality Experience** geplant und komplett umgesetzt (vgl. Abb. 3.3). Eine große Produktionsanlage für Motoren sollte mithilfe dieser VR-Experience in China – coronabedingt ohne Fachpersonal von *Bühler Motor* – in Betrieb genommen werden. Die VR-Experience besteht aus 360°-Filmen und Bildern sowie detaillierten 2D-Filmen, die wir in die Trainings-Experience eingebaut haben. Es ging nicht nur um die **Inbetriebnahme,** sondern auch um **Schulungsmaterial** für etwaige Fehlerbehebungen. Die VR-Experience wurde in Deutsch und Mandarin erstellt.

Dabei ging es auch, aber nicht nur um die Ersparnis von Geld und Zeit. Die hohe Qualität dieses Projektes ist in anderen Unternehmensbereichen aufgefallen und fördert die Positionierung von *Bühler Motor* als digitaler Innovator. Das Projekt wird auf Messen, Kongressen und Fach-Symposien vorgestellt. Und auch ich als Ersteller halte dazu Vorträge, etwa im *Verband der Bayerischen Wirtschaft,* wenn es um das Thema Produktion 4.0 geht.

Nach diesem ersten Projekt folgte das Projekt Mexiko, welches sich um die Themen **Wartung** und **Inspektion** dreht. Hier geht es darum, den Stillstand der Maschine zu vermeiden bzw. so gering und kurz wie möglich zu halten, gleichzeitig aber auch keine Fehler zu machen. Deshalb werden wir die Anwendung 24/7 in verschiedenen Sprachen zur Verfügung stellen.

A: **Wie läuft ein typisches Projekt bei *Connected Reality* ab?**
CO: Das kommt immer darauf an, wie der Einstieg in das Projekt erfolgt. Früher war es so, dass es in großen Konzernen entweder eine Innovationsabteilung gab oder dass der CEO das Thema aus persönlichem Interesse angestoßen hat. Dann halte ich im ersten Schritt eine Keynote, bspw. bei dem Zukunftsvisionstreffen des Konzerns mit Partnern und Töchtern. Der zweite Einstieg ist wie bei *Bühler*. Es gab dort ein Problem, und das Unternehmen stieß rein zufällig auf uns. Sie haben weder uns als Unternehmen noch die Art der Lösung gesucht, die wir anbieten.

Nach der ersten Vorstellung, wie effizient und erfolgreich die **XR-Technologie** sein kann, führe ich oftmals einen Innovationsworkshop in den Unternehmen durch. Das macht mir persönlich viel Spaß, weil alle Bereiche eines Unternehmens am Tisch sitzen. Zuerst stelle ich das Thema grundsätzlich vor: Was bedeutet überhaupt XR? Welche Best-Practice-Lösungen gibt es in den unterschiedlichsten Märkten, welche Brillen und weitere Hardwareausstattung existieren etc.

Wichtig ist, dass die Teilnehmer viel ausprobieren und testen, sodass sie dann nach ein paar Stunden zu 100 % im Thema sind und selbst vor Projektideen und möglichen Szenarien sprühen.

A: **Gibt es am Anfang Hürden, die eingerissen, bzw. Vorbehalte, die aus dem Weg geräumt werden müssen?**
CO: Viele haben anfangs Fragen und Ängste: Wie geht das? Ist es nur eine Spielerei? Kostet das nicht mindestens sechsstellig oder noch viel mehr? Wie lange dauert ein solches Projekt? Funktioniert das nur mit Brille? Viele haben Erfahrungen mit VR vor fünf oder sechs Jahren gemacht und daher Angst vor Motion Sickness. Das war damals ein verbreitetes Problem, weil zu der Zeit technisch einfach nicht mehr möglich war.

A: **Wie können diese Ängste aus dem Weg geräumt werden?**
CO: Die Vorbehalte verschwinden ganz schnell während eines Innovationsworkshops. Das Schöne ist, dass die Menschen direkt alles ausprobieren, sich bereits existierende Cases anschauen und damit das Potenzial erkennen können. Der Grad der **Immersion** ist beim Zugang über die Brille am höchsten. Trotz allem zeige ich auch, dass der Zugang grundsätzlich absolut Device-unabhängig ist. Ein VR-Headset ist keine zwingende Voraussetzung, das ist mir auch persönlich sehr wichtig.

Die Inhalte, die wir erstellen, ermöglichen es den Nutzenden, nicht nur zu rezipieren, sondern auch zu interagieren. Ich habe 2011 einen Begriff definiert: Ich spreche nicht von Storytelling, sondern von **Storyliving**. Die Menschen sind ein Teil der Geschichte, ein Teil des Prozesses. Sie interagieren und nehmen Einfluss. Daher haben sie einen ganz anderen Bezug, denn sie waren in der Maschine, sie haben dort beobachtet, wie die Zentrifuge funktioniert. Sie haben es erlebt und am eigenen Körper gespürt.

Beim Innovationsworkshop geht es dann damit weiter, diejenigen Themen zu identifizieren, die in den jeweiligen Abteilungen gerade relevant sind: Wo können Probleme gelöst werden, die bisher nicht lösbar waren? Wie kann man ein Problem so lösen, dass es weniger kostet? Wo können neue Geschäftsmodelle aufgebaut werden? Wie können neue Servicemodelle integriert werden? Welche Möglichkeiten gibt es im Bereich HR, von Mitarbeitergewinnung über Schulung, Training, Ausbildung, Wellness?

Schlussendlich geht es darum, alles zusammenzutragen und zu priorisieren. Wir überlegen auch immer, wie man eine **schöne Story** innerhalb des Unternehmens aufbauen kann, Schritt für Schritt, sodass ein solches Projekt auch zur Positionierung nach innen und außen genutzt werden kann. Und dann geht es in die Konzeptions- und Umsetzungsphase.

A: **Vielen Dank, Herr Ostler, für dieses Gespräch.**

3.2.2 Bildung im Metaverse

Gerade im **Bildungssektor** bietet sich die Chance, Wissen auf eine ganz neue, immersive Art und Weise zu vermitteln. Immersiv gestaltete Lernsettings ermöglichen es den Lernenden, vollständig in eine Situation einzutauchen. Häufig kommen dabei spielbasierte Anwendungen zum Einsatz, die bestimmte Umgebungen und Szenarien replizieren. Eine Schulklasse kann sich virtuell auf den Meeresboden versetzen, um sich die dort lebende Flora und Fauna einmal ganz aus der Nähe anzuschauen. Oder es findet eine virtuelle Reise an den Polarkreis statt, wie in *Frozen Worlds* im Kap. 2 beschrieben. Dabei handelt es sich um fünf *Minecraft*-Welten mit pädagogischem Begleitmaterial, die es Lehrerinnen und Erziehern ermöglichen, den Kindern das Leben am Polarkreis oder in anderen vereisten Gebieten der Erde durch die Augen der dort lebenden Tiere zu vermitteln (vgl. Minecraft, 2022).

Das **immersive Lernerlebnis** kann sich hierbei in der Tiefe der Illusion unterscheiden. Je höher der Grad der Immersion ist, desto weniger wird den Lernenden bewusst, dass sie sich in einer virtuellen Welt befinden. Eine erfolgreiche Immersion kann erreicht werden, wenn die Lernenden mental in die Umgebung eintauchen. Dies kann zum einen durch eine realistische Ortsillusion und dreidimensionale Präsentationstechniken erreicht werden. Zum anderen wird die Immersion gefördert, indem die Geschehnisse in der simulierten Welt als plausibel wahrgenommen werden und die Lernenden aktiv in die Geschehnisse der virtuellen Welt involviert sind. Grundsätzlich lässt sich sagen, dass neben der Stimulierung möglichst vieler Sinne die **Interaktivität** und der direkte **Einfluss auf die virtuelle** Welt (inkl. Feedback) ein Erfolgsgarant für eine gute Immersion sowie das erlebte Präsenzgefühl sind (vgl. Bitkom, 2020, S. 7).

Und nicht nur räumlich können Menschen sich in bis dato nicht erreichbare Gebiete bewegen. Auch eine Bewegung durch die Zeit wird so möglich, wie das nachfolgende Interview illustriert.

> **Interview ThirdXeye**
>
> Das Unternehmen *ThirdXeye* hat sich auf maßgeschneiderte multimediale Lernreisen spezialisiert – vor allem in der virtuellen Realität. Wilhelm Rehms (WR), Geschäftsführer, und *Michael Ludwig Seyfried* (MLS), Story Development, Drehbuch und Regie, haben uns (A) in einem Interview die Vorteile dieser immersiven Methode erläutert.

3 Was wir benötigen

A: *ThirdXeye* bietet maßgeschneiderte multimediale Lernreisen, u. a. durch den Einsatz von Virtual Reality, an. Wie und wann ist diese Idee entstanden?

WR: Ich komme aus der klassischen Printwelt und habe jahrelang alles produziert, was das Printherz begehrt: Bücher, Plakate, Kataloge, Prospekte usw. Vor einigen Jahren haben wir beide uns dann kennengelernt und geschaut, wo es Synergien geben könnte.

MLS: Ich komme vom Theater und habe Erfahrungen als Regisseur, Drehbuchautor und Schauspieler. Außerdem arbeite ich im Weiterbildungsbereich und als Coach, und das Thema Virtual Reality fasziniert mich schon seit Jahren. Es gibt viele Studien, die belegen, dass dramaturgische Elemente innerhalb der Weiterbildungsmaßnahmen die Konzentration sehr fördern. Dies ist besonders gut im Rahmen von VR-Anwendungen umzusetzen: **Lernen mit VR** steigert den Fokus und die Konzentration, und der Aspekt der Faszination und des Staunens steigert die Erinnerungsfähigkeit.

WR: Das stimmt, wobei man nur mit VR heute noch nicht weit kommt, weil die Geräte noch nicht überall zur Verfügung stehen. Es eignen sich auch nicht alle Inhalte für eine VR-Umsetzung. Wir arbeiten crossmedial und kreieren Lernreisen mit unterschiedlichen Medien und Bausteinen.

A: **Warum funktioniert Lernen in der virtuellen Realität so gut?**

MLS: Stichwort **Immersion:** Die Menschen tauchen vollkommen ein, und das fördert die Konzentration. Das kann tatsächlich auch ohne VR funktionieren, durch Interaktion, spannende Geschichten und das Auslösen von Emotionen.

A: **Welches Projekt ist euch besonders im Gedächtnis geblieben?**

Abb. 3.4 Ansicht der virtuellen Höhle. (Quelle: Rehm & Seyfried, 2022)

MLS: Wir haben für ein Philosophiemuseum das *Höhlengleichnis von Platon* nachgebaut und erlebbar gemacht. In diesem Gleichnis geht es darum, den philosophischen Bildungsweg zu verdeutlichen, der den Aufstieg aus der sinnlich erlebbaren Welt in eine rein geistige Welt zum Ziel hat.

WR: Daher hat das Projekt auf mehreren Ebenen funktioniert: Wir haben die Bedeutung des Gleichnisses in Bezug auf damals und heute erlebbar gemacht. Zunächst wurde die ursprüngliche Höhle nachgebaut, es wurden originäre Bilder und Räume erzeugt.

MLS: Dann haben wir die Höhle weiterentwickelt, denn auch heute sitzen wir in einer (mediengeprägten) Höhle (vgl. Abb. 3.4). Im nächsten Schritt ging darum, zu verdeutlichen, was jenseits der Höhle ist, um die Sprengung der Höhle.

A: **Welche weiteren Themen bearbeitet *ThirdXeye?***

MLS: Weitere Einsatzfelder für unsere Lernreisen liegen im Tourismus, um bspw. Regionen erlebbar zu machen, oder im therapeutischen Umfeld zur Konfrontation mit angstauslösenden Reizen in einer kontrollierten Umgebung.

> Auch Kommunikations- und Präsentationstrainings lassen sich so unter (fast) realen Bedingungen durchführen.
> A: **Vielen Dank für das anregende Gespräch.**

Trotz der enormen Potenziale wird VR den herkömmlichen Präsenzunterricht oder E-Learning in absehbarer Zeit nicht vollständig ersetzen. Durch die Entwicklung des Metaverse und die Zunahme von Remote Work sind Unternehmen jedoch gut beraten, **VR-basiertes Lernen** zu einem Teil ihrer Personalentwicklung zu machen. *PwC* bspw. hat einen **VR-Soft-Skills-Kurs** entwickelt, der es Führungskräften und Mitarbeitenden ermöglicht, neue Verkaufsmethoden zu üben. Die Lernenden haben die Möglichkeit, ein Gespräch mit einem virtuellen CEO zu führen – verlassen sie sich aber auf die üblichen Verkaufstechniken, bittet dieser sie, das Büro zu verlassen. Wenn die Lernenden jedoch Fähigkeiten anwenden, die zeigen, wie sie dem Unternehmen des CEOs einen Mehrwert bringen können, erhalten sie am Ende des Gesprächs einen virtuellen Vertrag (vgl. PwC, 2022b).

Neben VR kommen auch **AR-Anwendungen** schon seit einigen Jahren in der **Aus- und Weiterbildung** zum Einsatz. Besonders in Kontexten, die durch abstrakte und komplexe Vorgänge geprägt sind, ist der Einsatz von AR sinnvoll. Deren wahrnehmungserweiternde Funktion bietet hier einen großen Vorteil, da sie situativ die Qualifizierung der Mitarbeitenden erhöht. Datenbrillen können die Menschen genau dann zur Lösung eines Problems befähigen, wenn es auftaucht – wenn also bspw. ein Fehler in der Produktionsstraße entsteht. Die Brillen konsolidieren Informationen und spielen sie in verständlicher Form für die Fachkräfte und auch für weniger qualifiziertes Personal aus. Handgriffe und auszuführende Arbeiten werden durch AR-Darstellungen visualisiert und sind so bedeutend effizienter als Handbücher oder Checklisten. Durch diese Systeme werden Menschen in die Lage versetzt, Tätigkeiten auszuführen, für die sie nicht ausgebildet wurden oder bei denen die benötigten Kenntnisse aus anderen Gründen nicht (mehr) präsent sind (vgl. Bitkom, 2020, S. 10).

3.2.3 Freizeit im Metaverse

Der Bereich **Gaming** ist ein Vorreiter im Metaverse. Viele der schon heute existierenden Anwendungen wie *Fortnite, Minecraft* und *Roblox* lassen sich hier verorten (vgl. Kap. 2). Was zukünftig vor allem in den neu geschaffenen virtuellen Welten möglich sein soll, geht aber weit über das hinaus, was moderne Multiplayer heute bereits bieten. Es geht darum, den **sozialen Aspekt des Gamings** auszubauen, also Spieler und Spielerinnen digital zusammenzubringen. Die Menschen sollen über das reine Spiel hinaus Zeit in der Umgebung verbringen, bspw. Konzerte besuchen. *Rockstar Games,* eine Tochtergesellschaft der *Take-Two Interactive Software, Inc.,* bietet mit dem Blockbuster *Grand Theft Auto (GTA)* die Möglichkeit, die virtuellen Welten des Spiels zu entdecken, ohne im klassischen Spielmodus unterwegs zu sein. Die Spielenden können sich ein Haus bauen und mit dem Auto die Welten erkunden. Zusätzlich können sie über eigens erstellte Radiosender ihre bevorzugte Musik hören und ihre Avatare nach ihren Wünschen ausstatten.

Ein Stichwort, welches häufig im Gaming-Bereich genannt wird, ist **Play-to-Earn**. Hier können Spielende im Metaverse durch Erfolge im Spiel eine Vergütung in Form von **Krypto-Währungen** oder **Ingame-Währungen** erhalten. Beim Spiel *Grand Theft Auto* können die Spielenden durch die Annahme und Erledigung verschiedener Jobs innerhalb des Spiels Einnahmen erzielen, die mittels der Ingame-Währung *GTA$* ausgezahlt werden. Damit wiederum können Ausrüstungsgegenstände und andere digitale Assets erworben werden.

Der nächste Schritt, **Create-to-Earn,** ist bei *Roblox* zu beobachten: Hier können alle Nutzenden selbst Gegenstände, Spiele oder Räume erstellen und diese auf der Plattform verkaufen. Sie erhalten ihre Vergütung ebenfalls in der **Ingame-Währung,** hier *Robux*. Ausgewählte Entwicklerinnen und Entwickler können sich für das *Developer Exchange (DevEx) Program* bewerben und die verdienten *Robux* in echtes Geld eintauschen. So könnte Gaming nicht nur ein Freizeitvergnügen bleiben, sondern auch einen wirtschaftlichen Aspekt hinzugewinnen.

Im Metaverse können **virtuelle Erlebniswelten** realisiert werden, die es den Besucherinnen und Besuchern ermöglichen, andere Menschen aus aller Welt kennenzulernen und gemeinsam mit diesen im Anschluss Aktivitäten, wie z. B. gemeinsame **Reisen,** in der realen Welt zu planen. Die Erlebniswelten können so konzipiert werden, dass von vornherein gezielt Menschen zusammengebracht werden, die Interesse am gleichen Event oder am gleichen Reiseziel haben. Das Metaverse dient in diesem Fall sowohl als **Ort des Kennenlernens** als auch als **Ausgangspunkt für die gemeinsame Planung** der späteren Aktivitäten in der realen Welt. Für Dienstleister wie Hotels ergibt sich im Rahmen dessen die Möglichkeit, sich als Anbieter solcher Erlebniswelten zu positionieren und sowohl unmittelbar von digitalen Dienstleistungen als auch von dort angestoßenen Buchungen für Dienstleistungen in der realen Welt monetär zu profitieren. Im Falle der Hotellerie wird bspw. eine entsprechende digitale Kopie des jeweiligen Hotels im Metaverse platziert. Über diese können Interessierte von zu Hause aus Hotelzimmer und andere relevante Räumlichkeiten, wie Hotellobby, Hotelrestaurant und Fitnessstudio, virtuell und realistisch im Maßstab 1:1 besichtigen (vgl. Bitkom, 2022, S. 33).

Im **Kulturbereich** sind Führungen durch Museen oder Kulturstätten möglich. Selbst eine Führung durch ein einzelnes Kunstwerk kann so realisiert werden, wie die Agentur *Connected Reality* in einem Projekt für die *Uni Credit* gezeigt hat. Die bekannten Persönlichkeiten *Judith* und *Axel Milberg* führen hier durch die Kunstausstellung der *HypoVereinsbank*. Der Schauspieler und die Kunstexpertin erklären dem Publikum in 360° die Kunstwerke, sodass die Teilnehmenden das Gefühl haben, neben den beiden zu stehen. Hinzu kommt ein einzigartiges Erlebnis: Durch die VR-Brille taucht das Publikum wirklich in die Kunstwerke ein und macht somit eine ganz neue Erfahrung, wenn Elemente der ursprünglich zweidimensionalen Kunstwerke dreidimensional erfahrbar werden (vgl. Connected Reality, 2018).

Das Metaverse kann auch im Hinblick auf die **Inklusion** von Personen mit Bewegungseinschränkungen ein Mittel sein, um Zugänge zu Orten und Erlebnissen zu schaffen, die sonst nicht oder nur erschwert möglich wären. *vr4kids* ist ein Projekt der Agentur *Connected Reality* und bietet neue Optionen von Erleben und Teilhabe für Menschen, denen es aufgrund von körperlicher Behinderung, Krankheit oder logistischer Herausforderungen nicht möglich ist, Erlebnisse, Ausflüge, Events etc. mit anderen Personen gemeinsam zu erfahren. Das Gefühl des Dabeiseins wird durch die Nutzung von Virtual Reality erzeugt. Wer schon mal eine VR-Brille getragen hat, weiß, dass man vom ersten Moment an seine Umgebung vergisst und sich sofort wie in einer anderen Welt fühlt. Wird der Content mit anderen zusammen erlebt, ist das Gesehene noch viel intensiver. *vr4kids* zeigt das in überzeugender Weise. Für behinderte Kinder wird bspw. Content produziert, sodass sie mit anderen Kindern gemeinsam etwas erleben können: gemeinsames Kasperltheater, gemeinsam Schlitten fahren, Feuerwehrmann sein, den Bauernhof einmal intensiv erleben (vgl. Ostler, 2022; vr4kids, 2022).

Menschen mit gemeinsamen Interessen schließen sich im realen Leben, aber seit langem auch in sozialen Netzwerken des Internets zusammen, um sich auszutauschen und diese gemeinsamen **Hobbys** zu pflegen. Bereits jetzt gibt es entsprechende Foren und Gruppen, in denen Informationen ausgetauscht, nach Hilfe und Rat gefragt und Bilder und Videos gepostet werden. Eine Metaverse-Welt würde diese Gruppen auf ein ganz neues Level heben: Es wäre dann möglich, sich die Zubereitung eines traditionellen thailändischen Gerichts direkt vor Ort in einer Garküche demonstrieren zu lassen und sogar virtuell mitzukochen. Die eigenhändige Reparatur eines Schadens am Auto könnte unter fachkundiger Anleitung selbst erfolgen, oder man könnte sich in internationaler Runde treffen und einen Abend unter (virtuellen) Freunden verbringen.

Wollen Menschen sich noch enger zusammenfinden als in einer Community mit den gleichen Interessen, so kann das Metaverse auch beim Thema **Dating** eine neue Welt eröffnen. Hier findet Interaktion im digitalen Raum mit Avataren statt. In diesem digitalen Raum ist theoretisch alles möglich, was auch im echten Leben bei einem Date möglich ist. Dating im Metaverse kann, muss aber nicht zu Treffen in der Realität führen. **Nevermets** sind Paare, die eine Internetbeziehung führen, ohne sich im echten Leben je getroffen zu haben.

Nevermet ist die App dazu. Sie sieht sich wie *Tinder* und die anderen Dating-Apps, allerdings wird hier nach **Virtual Boyfriends (VBFs)** und **Virtual Girlfriends (VGFs)** gesucht. Denn auch in der virtuellen Welt muss die Partnerin oder der Partner ja erst einmal gefunden werden. Die Tatsache, dass bei *Nevermet* ausschließlich Profilbilder von Avataren erscheinen, macht diese Suche – ja, was eigentlich? Einfacher oder schwieriger? Zumindest entfällt der Fokus auf das Aussehen einer Person, was insbesondere bei *Tinder* ein großer Kritikpunkt ist. Unter „Wohnort" geben die Nutzenden bei *Nevermet* dann *Decentraland*, *Roblox* oder *Horizon Worlds* an. Zukunftspotenzial hat die Dating-App, denn junge Menschen wachsen auch ohne VR-Brille schon mit und in digitalen Umgebungen auf – Games, Social Apps, Videokonferenzen – weshalb die Idee eines **Metaverse-Datings** für viele von ihnen wohl logisch ist.

Der **Einsatz von Avataren** wird im Metaverse gang und gäbe sein. Allerdings lassen sie zunächst nicht erkennen, ob hinter ihnen ein Mensch oder ein Bot steht. Die grafische Umsetzung ruft ganz bestimmte Erwartungen hinsichtlich des Verhaltens und der Intelligenz von Avataren bzw. den Menschen oder Maschinen dahinter hervor (vgl. Abb. 3.5). Stellt man sich das Ganze nun in einer Metaverse-Anwendung im Businesskontext vor, so ist die momentan aufgrund der erforderlichen Rechenleistung häufig gewählte reduzierte grafische Umsetzung nicht unbedingt förderlich. Aber hier gilt – wie bei allen neuen Entwicklungen: Menschen gewöhnen sich an alles Neue, wenn sie häufig genug damit konfrontiert werden. Es ist also gut möglich, dass die Kategorisierung von Miao et al. (2022) in ein paar Jahren ganz anders aussehen wird.

3.2.4 Shopping im Metaverse

Um **Einkaufserlebnisse** im Metaverse zu unterstützen, sind **sichere digitale Identitäten** zu entwickeln. Zusätzlich geht es darum, Shopping-Möglichkeiten im Metaverse durch AR und VR mit der eigenen **Omni-Channel-Strategie** zu verbinden und **immersive Einkaufserlebnisse** zu schaffen. Konzepte der Hyper-Personalisierung können die Customer Experience verbessern. Entscheidend im Metaverse wird auch das Dematerialisierungspotenzial von Produkten sein.

	Einfacher Avatar	Oberflächlicher Avatar
Menschliches Verhalten −	• Nicht sehr anthropomorphes (menschenähnliches) Erscheinungsbild (2D, statisch, Cartoon-Eindruck) und geringe Intelligenz (geskriptete, aufgabenspezifische Kommunikation) • Geringe Erwartungen an Intelligenz und Kompetenz aufgrund des unrealistischen Erscheinungsbildes • Geeignet für schnelle und spezifische Aufgaben (z. B. 24/7-Reiseinformationen, Erkundung von Online-Inhalten) • Am effektivsten für Transaktionen mit geringem Risiko (etwa einfache Anfragen, preiswerte Online-Einkäufe)	• Realistisches anthropomorphes Erscheinungsbild (3D, dynamisch), aber geringe Intelligenz (geskriptete, nicht angepasste Lösungen) • Mögliche Folge: negative Diskonfirmation, denn das realistische menschenähnliche Aussehen weckt hohe Erwartungen an die Intelligenz des Avatars • Effektiv bei der Verbesserung der Produktivität von risikoarmen Transaktionen (z. B. Abfragen von Bankkontoinformationen) • Kann sich bei risikoreichen Transaktionen (etwa Aktienkäufen) aufgrund der geringen Intelligenz nachteilig auf die Customer Experience auswirken
	Intelligenter unrealistischer Avatar	**Digitaler menschlicher Avatar**
+	• Hohe kognitive und emotionale Intelligenz, aber kein realistisches anthropomorphes Erscheinungsbild • Kann Kundenbegeisterung hervorrufen, da das nicht realistische Aussehen die anfänglichen Erwartungen der Kunden an die Intelligenz des Avatars senkt • Fähig zur autonomen, natürlichen verbalen und nonverbalen Kommunikation, die auch soziale Inhalte umfassen kann • Besonders effektiv für komplexe, relationale Transaktionen mit sensiblen persönlichen Informationen (etwa zur psychischen Gesundheit), indem die Gewissheit vermittelt wird, dass ein nicht-menschlicher Agent den Menschen nicht verurteilen wird	• Realistisches anthropomorphes Aussehen (3D, dynamisch) sowie kognitive und emotionale Intelligenz • Die Abstimmung von realistischem Aussehen und Intelligenz bietet ein Höchstmaß an Customer Experience • Fähig zu autonomer, natürlicher verbaler und nonverbaler Kommunikation, die auch soziale Inhalte umfasst • Ermöglicht komplexe Transaktionen, die einen hochgradig personalisierten Service erfordern (z. B. Hautpflege) • Am wirksamsten für den langfristigen Beziehungsaustausch durch die Bereitstellung eines Höchstmaßes an kognitiven, affektiven und sozialen Erfahrungen
	− Menschliches Aussehen +	

Abb. 3.5 Kategorisierung von Avataren. (Quelle: In Anlehnung an Miao et al., 2022, S. 78)

> **Merk-Box**
>
> **Dematerialisierung** (auch als **Zero Gravity Thinking** bezeichnet) beschreibt den bei Unternehmen vieler Branchen stattfindenden Prozess der Umwandlung analoger Informationen und physischer Produkte in digitale Formate (vgl. Kreutzer, 2021b, S. 49–51). Mit der Dematerialisierung gelingt es, die typischen Limitierungen von Objekten und Produkten in Unternehmen aufzulösen, die das Wachstum im digitalen Zeitalter einschränken. So löst sich die physische Nutzung von Zahlungsmitteln ebenso immer weiter auf, wie die Bedeutung digitaler Produkte (Streaming, Downloads, digitale Dienstleistungen etc.) immer weiter zunimmt (vgl. Bitkom, 2022, S. 28–29).

Einkaufserlebnisse in der virtuellen Welt können zu Produkterlebnissen und Services in der realen Welt führen. So können Produkte oder Services virtuell begutachtet und gekauft und dann in der realen Welt in Anspruch genommen werden. Verkaufspersonal kann im Metaverse entweder in Echtzeit oder mithilfe von vorproduzierten Inhalten Käuferinnen und Käufer beraten und zum Kauf motivieren, also ein hoch personalisiertes Einkaufserlebnis schaffen, und andere Personen können ihre Erfahrungen mitteilen (vgl. Bitkom, 2022, S. 32).

Grundsätzlich gibt es **mehrere Geschäftsmodelle im Metaverse,** die sich auch sehr gut kombinieren lassen:

- **Verkauf von physischen Objekten** (bspw. von Kleidung, Schuhen, Sportartikeln)
- **Verkauf von digitalen Assets** in Form von NFTs
- Erbringung von Dienstleistungen

Viele Luxus-, Lifestyle- und Sportmarken sind bereits im Proto-Metaverse präsent und bieten dort ihre Produkte an: *Nike* bietet den Nutzenden im *Nikeland* bei *Roblox* digitale Sport- und Spielideen. Außerdem können sie ihre Avatare mit *Nike*-Produkten ausstatten. Bereits 2021 kaufte *Nike RTFKT,* „ein Design-Studio für Sneaker, Mode und Sammlerstücke der nächsten Generation für das Metaverse". So beschreiben *Benoit Pagotto, Chris Le* und *Steven Vasilev* ihr Unternehmen *RTFKT Studios,* das im Jahr 2020 gegründet wurde.

> **Food for Thought**
>
> Vielleicht müssen wir für das Engagement im Metaverse einen neuen Begriff lernen:
> **Phygital Events** – Inszenierungen, die physische und digitale Elemente miteinander verschmelzen.

Im Herbst 2022 hat *Nike* sein Angebot an **NFT-Bekleidung** mit dem *RTFKT x Nike AR Genesis Hoodie* erweitert, einem exklusiven digitalen Hoodie. Das Besondere daran: Zusätzlich zum virtuellen Gegenstand erhalten alle Menschen nach dem Kauf auch einen physischen

Hoodie, der mit einem **Near Field Communication (NFC) Chip** ausgestattet ist. Dieser ermöglicht eine drahtlose Kommunikation zwischen der Kleidung und dem jeweiligen NFT. So können die Besitzerinnen und Besitzer ihre physischen Kapuzenpullover in AR mit Effekten wie virtuellen Flügeln zum Leben erwecken. In Zukunft plant das Unternehmen, seinen Katalog an digitaler Kleidung um weitere Funktionen zu erweitern, etwa um Token für den Zugang zu exklusiven Veranstaltungen (vgl. Melnick, 2022).

Luxusmarken finden sich ebenfalls im Proto-Metaverse: In *Fortnite* können Outfits von *Balenciaga* für die Avatare erworben werden. Im Frühjahr 2022 fand die erste **Fashion Week** bei *Decentraland* statt, die dem Publikum mit Runway-Shows, After-Partys, immersiven Erlebnissen, Shopping und Podiumsdiskussionen ein ähnliches Programm bot wie das analoge Pendant. Mit über 60 teilnehmenden Marken, Kunstschaffenden, Designern und Designerinnen war dies laut eigener Aussage „ein Meilenstein in der globalen Modeindustrie" (MVFW, 2022).

Gucci ist es gelungen, die digitale Tasche *Dionysus* bei *Roblox* rund 800 US\$ teurer zu verkaufen als das reale Gegenstück. Bei solchen Einzelerfolgen soll es bei der zum Konzern *Kering* gehörenden italienischen Luxusmarke nicht bleiben: Das Thema Metaverse wird hier strategisch angegangen, und mit *Robert Triefus* wurde Ende 2022 ein Geschäftsführer für *Metaverse Ventures* berufen.

Das Auktionshaus *Sotheby's* hat bereits in *Decentraland* eine Galerie eröffnet. Dort können Kunden digitale Bilder ersteigern. *JP Morgen* hat als erste Bank eine Filiale im Metaverse aufgebaut. Der Elektronikhersteller *Samsung* organisiert bereits Veranstaltungen in *Decentraland*, um sein neuestes Smartphone zu bewerben.

Auch die ersten **Autokonzerne** haben bereits Metaverse-Konzepte entwickelt bzw. sind gerade dabei:

- *Audi* plant virtuelle Testfahrten.
- *Hyundai* will sich als intelligenter Mobilitätsdienstleister positionieren.
- *Nissan* baut in Japan virtuelle Autohäuser nach realen Vorbildern.

> **Food for Thought**
>
> Wird es für Unternehmen einmal genauso selbstverständlich sein, im Metaverse eine eigene Niederlassung zu errichten – wie es schon heute für (fast) alle Unternehmen selbstverständlich ist, eine eigene Website zu betreiben?

Immer mehr Hersteller entwickeln **Gaming-Produkte,** die junge Menschen fürs Auto begeistern sollen; denn diese wollen immer seltener ein Auto besitzen. Der Verkauf ist bei diesen Anwendungen eine, aber nicht die einzige Option. Die Kundinnen und Kunden sollen hier nicht nur Autos kaufen, sondern auch Bankgeschäfte erledigen, Sammlerstücke und andere NFTs erwerben sowie in einem „Spielzentrum" ihre Freizeit verbringen (vgl. Bottler, 2022).

Das Metaverse wird in Zukunft sicherlich Einfluss darauf nehmen, wie wir Gegenstände erwerben – sowohl privat als auch im beruflichen Kontext. Die technologischen Fortschritte von Virtual und Augmented Reality sind aktuell schon so weit, dass es problemlos möglich ist, sich Gegenstände und Objekte jeglicher Art als 3D-Modell in Originalgröße anzusehen – und das, bevor man sich für oder gegen den Kauf entscheidet. Ein Vorreiter ist hier sicherlich die seit 2017 existierende App *IKEA Places*. Diese erlaubt es, Möbel in Originalabmessungen virtuell in die eigene Wohnung zu projizieren. In Zeiten, in denen **Mass Customization** und **Made-to-Order** mehr Standard als Ausnahme sind, bieten solche Konzepte sowohl für die Unternehmen als auch für Konsumentinnen und Konsumenten enorme Vorteile.

Die *EHI*-Studie „Metaverse im Handel" aus dem Jahr 2022 zeigt, dass Handelsunternehmen für sich im Metaverse eine Vielzahl an neuen Möglichkeiten erkennen. Hierzu wurden 433 Entscheider und Entscheiderinnen des deutschsprachigen Handels aus 284 Handelsunternehmen unterschiedlichster Branchen befragt. Im Einzelnen werden folgende **Einsatzfelder im Metaverse für Handelsunternehmen** gesehen (vgl. EHI, 2022, S. 27–29):

- 77,3 % der Befragten würden im Metaverse auf **virtuelle Beratung** oder **Einkaufsassistenz** setzen, um das stationäre Erlebnis online zu spiegeln.
- 75,4 % können sich eine **dreidimensionale Produktpräsentation im virtuellen Raum** oder mit **AR-Anwendungen** vorstellen.
- 69,2 % würden **Werbung im virtuellen Raum** schalten, um klassische Kommunikationsformen durch virtuelle Werbeansprachen zu ergänzen.
- 67,9 % setzen auf eine **Erweiterung des stationären Einkaufs um virtuelle Erlebnisse,** bspw. durch den Einsatz von VR-Brillen oder durch Terminals zum Kauf digitaler Güter.
- 59,3 % würden auf **Gamification zur Verbesserung der Markenwahrnehmung** setzen (so zur Schaffung von Markenerlebnissen durch spielerische Interaktionen).
- 56,6 % würden **virtuelle Einkaufswelten** erschaffen, um ein Flanieren durch virtuelle Einkaufsstätten oder Shopping-Center zu ermöglichen.
- 54,7 % können sich eine **virtuelle Anprobe** vorstellen, etwa mit dem jeweiligen Avatar des Nutzers.
- 38,6 % würden sich mit dem **Handel mit digitalen Gütern** beschäftigen, etwa von Avataren, digitalen Bekleidungsstücken, digitaler Kunst, digitalen Grundstücken etc.

Insgesamt geben 79,9 % der Befragten an, durch eine Metaverse-Präsenz ihre **klassischen Marketingziele** verfolgen zu können, sei es eine Steigerung der Markenbekanntheit oder eine Verbesserung des Images. 65,1 % der Händler glauben auch daran, durch ein Engagement im Metaverse ihre **ökonomischen Ziele** erreichen zu können. Hierzu zählen neben Umsatzsteigerungen auch Kostenreduktionen. 56,2 % der Befragten sind außerdem der Meinung, dass eine Mitwirkung im Metaverse auch bei der Erreichung von **ökologischen Zielen** unterstützen kann. Vor allem aber sehen die Befragten die Chance, neue Zielgruppen und Geschäftsfelder zu erschließen. Außerdem böte das Metaverse auch vielfältige Möglichkeiten, neue Leistungen kosteneffizient, risikoarm und zielgruppensicher zu testen und weiterzuentwickeln (vgl. EHI, 2022, S. 17–19).

Die Befragten sehen im Metaverse eine gute **Ergänzung zu Online-shops**. Für 80,1 % kann das Metaverse die eigenen Online-Shops sinnvoll ergänzen. Lediglich 27,8 % sind der Meinung, dass durch Metaverse die bisherigen Online-Shops vollständig ersetzen werden. 52 % meinen vielmehr, dass das Metaverse zukünftig wie ein **Online-Marktplatz** fungieren wird. Das Metaverse könne gleichsam zu einem **Bindeglied zwischen der physischen und der virtuellen Welt** werden und neue **Omni-Channel-Erlebnisse** ermöglichen (vgl. EHI, 2022, S. 21).

Die befragten Händler sehen allerdings auch Gefahren, die mit einem Siegeszug des Metaverse verbunden sein können. 56,1 % erwarten ein vergleichbares **Kräftemessen** wie heute gegenüber *Amazon, Google* & Co., sobald sich ein Metaverse-Anbieter am Markt durchsetzt. 35,7 % der Händler erwarten, dass das Metaverse den **Internet-Handel schwächen** wird, weil zukünftig mehr Hersteller die Möglichkeit für einen Online-Direktvertrieb im Metaverse nutzen werden. 19,1 % erwarten, dass das Metaverse den **Internet-Handel als Dienstleister** überflüssig machen wird, weil Hersteller den Online-Direktvertrieb im Metaverse selbst ausgestalten (vgl. EHI, 2022, S. 23).

> **Food for Thought**
>
> Für Beton und Metaverse gilt das Gleiche: Es kommt darauf an, was man daraus macht!

3.2.5 Gesundheit im Metaverse

Eine Ärztin untersucht ihre Patientinnen im Krankenhaus und stellt fest, dass die Heilung einer Frau nach einer einfachen Operation ungewöhnlich langsam verläuft. Die Ärztin nutzt das Metaverse und reist in die Vergangenheit, um Zeugin einer früheren Unterleibs-operation dieser Patientin zu werden. Sie ruft das Operationsvideo auf und sieht, dass sich in dem Bereich, der langsam heilt, Narbengewebe von dieser früheren Operation entwickelt hatte. Eine Woche nach ihrer Entlassung teilt die Patientin ihre persönlichen Gesundheitsdaten durch die **digitale Gesundheitsakte** mit ihrem Physiotherapeuten, der ihr

Übungen in einer immersiven Umgebung zeigt, die einen tropischen Strand simuliert. Am Ende der Sitzung spult der Therapeut vor in die Zukunft, um der Patientin zu zeigen, wie sie sich heute in sechs Wochen bewegen wird. Dies ist die Zukunft des Metaverse im Gesundheitswesen (vgl. Kalis et al., 2022, S. 7).

> **Food for Thought**
>
> Allerdings wird vor allem in Deutschland und Europa eine solche Zukunft der Medizin noch lange auf sich warten lassen. Schließlich geht es hier um personenbezogene Daten – und dann auch noch um Gesundheitsdaten!

Das Metaverse kann auch bei der **Aus- und Weiterbildung im Gesundheitssektor** eine große Rolle spielen: Operationen können virtuell trainiert werden, bevor das echte Skalpell am Menschen angesetzt wird. Eine Zusammenarbeit von geografisch voneinander entfernten Team-Mitgliedern mit internationalen Expertinnen und Experten wird ermöglicht. Über AR-Headsets können den operierenden Ärztinnen und Ärzten live Zusatzinformationen angezeigt werden, die einen ständigen Wechsel der Blickrichtung vom Operationstisch zum externen Monitor überflüssig machen.

Aber nicht nur Diagnostik und Behandlung, sondern auch die **Prävention** kann durch das Metaverse auf ein neues Level gehoben werden. Im Fitnessbereich bietet *Peloton* mit Geräten wie Ergometern und Laufbändern bereits heute eine Kombination aus Sportgerät und Monitor plus App an. Bei Abschluss eines Abos können die Nutzenden über den Monitor verschiedene Trainings aufrufen und diese wahlweise allein oder online mit anderen zusammen absolvieren. Das Angebot einer **VR-Trainings-App** für ein entsprechendes Headset würde ein immersives Training ermöglichen, bei dem die Nutzenden an jedem denkbaren realen oder nicht realen Ort mit vielen anderen gemeinsam Sport treiben könnten. Dies alles, ohne die Wohnung verlassen zu müssen und ohne an einen bestimmten Gerätehersteller gebunden zu sein.

Wie ein solches Training aussehen kann, wurde im *Meta*-Store in San Francisco demonstriert. Eine Trainerin führt in das **Workout-Programm** ein. Dann musste der Kandidat die vorher eingeübten

Abb. 3.6 Virtuelles Training im Metaverse. (Quelle: Eigenes Foto)

Bewegungen einsetzen, um verschiedene anfliegende Objekte abzuwehren. Alle Mitwirkenden kamen dadurch nachhaltig ins Schwitzen (vgl. Abb. 3.6).

Die technologischen Entwicklungen werden auch von Branchenprofis als zentrale Treiber gesehen: Im Rahmen der *Accenture Digital Health Technology Vision* wurden 391 Führungskräfte aus dem Gesundheitswesen aus elf Ländern, 100 davon aus den USA, nach ihren Einschätzungen befragt. 97 % dieser Führungskräfte glauben, dass **technologischer Fortschritt** verlässlichere und nachhaltigere Auswirkungen auf ihre Unternehmensstrategie haben wird als wirtschaftliche, politische oder soziale Trends (vgl. Kalis et al., 2022, S. 3).

Der größte Nutzen des Metaverse und von Web 3.0 im Gesundheitswesen wird von der Art und Weise abhängen, in der sich beide komplementär entwickeln (vgl. dazu Kap. 2). Diese Entwicklungen können dazu beitragen, Misstrauen, Reibungsverluste und Fehler zu beseitigen, die beim Wechsel zwischen Plattformen, Kliniken, Pflegeeinrichtungen und Arbeitsumgebungen heute oftmals entstehen. Die virtuellen Erfahrungen, die während der Pandemie gemacht wurden, können immer realer werden. Aber das Gesundheitswesen braucht, vielleicht mehr als jede andere Branche, eine Datengrundlage, die Vertrauen, Sicherheit und Wahlfreiheit für alle Beteiligten gewährleistet (vgl. Kalis et al., 2022, S. 12).

3.2.6 Umwelt im Metaverse

Erste Unternehmen erschließen sich das Metaverse bereits für einen guten Zweck. Im Jahr 2022 haben **WWF Deutschland** und *Savespecies* dort einen **virtuellen Ausstellungsraum** eröffnet. Hierbei werden zwei Ziele verfolgt (vgl. WWF, 2022):

- Die Ausstellung im Metaverse soll **Aufmerksamkeit für die weltweite Plastikmüllkrise** schaffen. Den Menschen soll vor Augen geführt werden, welche verheerenden Auswirkungen mit dem übermäßigen Plastikeinsatz einhergehen (vgl. vertiefend Kreutzer, 2023).
- Außerdem soll eine **direkte Unterstützung für den Umweltschutz** erreicht werden. Hierfür können sich Besucher und Besucherinnen in der von den *Savespecies*-Künstlern kreierten virtuellen Parallelwelt bewegen, um sie spielerisch zu erkunden. Herzstück der Ausstellung ist ein anamorpher – sprich: verzerrter – Wal, der sich aus 50 schwebenden Plastikmüllobjekten zusammensetzt. Dort präsentierte Objekte können als digitale Kunst erworben werden. Das durch diesen digitalen Kunstverkauf eingenommene Geld wird zur Bekämpfung der globalen Plastikkrise in Südostasien eingesetzt.

Bereits im Jahr 2021 hat sich der *WWF Deutschland* mit der ausgezeichneten Kampagne „*Non-fungible Animals*" im digitalen Raum engagiert. Die von verschiedenen Kunstschaffenden gestalteten NFTs – basierend auf einer ressourcensparenden Blockchain-Technologie – sollten Aufmerksamkeit für den Artenschutz schaffen. Zusätzlich sollten Erlöse für die Artenschutzprojekte des *WWF* generiert werden. 2022 hat der *WWF* zusammen mit *Savespecies* jetzt den nächsten Schritt eingeleitet, um die Themen Kunst und Umweltschutz im virtuellen Raum des Metaverse zu präsentieren. Die Zielsetzung wird von *Heike Vesper*, Geschäftsleiterin Transformation beim *WWF Deutschland*, wie folgt definiert:

„Umweltschutz braucht Aufmerksamkeit und Tatkraft, dafür gehen wir auch neue Wege. Wir wollen das Bewusstsein für globale ökologische Krisen wie die Plastikflut und das Artensterben schärfen, und setzen dabei auch auf digitale Innovation. Mit der Kampagne schlagen wir eine Brücke zwischen virtuellem Raum und Naturschutzarbeit." (WWF, 2022)

Dem Projekt *#Oceandetox* sollen weitere Habitate mit weiteren Ausstellungen digitaler Kunstobjekte für den Umweltschutz folgen.

Fragen, die Sie sich stellen sollten

- Welche Position können wir bei den verschiedenen Inhalten und Use Cases des Metaverse einnehmen – die Nutzungs- oder die Enablerposition?
- Aus der **Nutzungsperspektive** stellen sich die folgenden Fragen:
  - Welche Gedanken haben wir im Unternehmen bereits angestellt, um Teamarbeit – auch über Standort- und Ländergrenzen hinweg – durch das Metaverse zu fördern und/oder zu erleichtern?
  - Wissen wir schon, welche Erwartungen Führungskräfte und Mitarbeitende in diesem Feld haben?
  - Werden bei uns schon Trainingskonzepte eingesetzt, die AR- und VR-Technologien einsetzen?
  - Wo wäre ein erster Einsatz besonders interessant?
  - Können wir einen Fachkräftemangel dadurch kompensieren, dass wir AR-Technologien in Produktion und Service einsetzen, um auch weniger geschultes Personal aufwendige Vorgänge vollziehen zu lassen?

- Wie können wir die Freizeitgestaltung der Menschen durch eigene Angebote im Metaverse anreichern?
- In welchen Bereichen sind unsere Wettbewerber schon aktiv?
- Wo sind die berühmten „Low hanging fruits", um einzusteigen?
- Kennen wir die Erwartungen der potenziellen Nutzenden schon gut genug, um eigene Entwicklungen voranzutreiben?
- Welche Möglichkeiten gibt es, um unsere Leistungen – physische oder virtuelle – im Metaverse zu verkaufen?
- Haben NFTs unserer Angebote eine Relevanz für Käufer und Käuferinnen?
- In welchen Feldern sollten wir mit Testprojekten starten?
- Können wir die Metaverse-Entwicklungen im Gesundheitssektor vorantreiben?
- Kann sich unser Unternehmen auch mit einem „guten Zweck" im Metaverse positionieren?
- Wo wären hier spannende Einstiegsfelder?
- Aus der **Enablerperspektive** stellen sich die folgenden Fragen:
  - Verfügen wir über innovative Konzepte, um das Arbeiten im Metaverse zu unterstützen?
  - In welcher Form kann unser Unternehmen zur Entwicklung von Bildungsangeboten im Metaverse beitragen?
  - Wie können wir Unternehmen dabei unterstützen, Freizeitangebote für das Metaverse zu entwickeln und zu vermarkten?
  - Über welche Lösungsansätze verfügt unser Unternehmen, um andere Unternehmen bei der Entwicklung und beim Einsatz von Shopping-Lösungen zu unterstützen?
  - Verfügen wir über das Potenzial, andere Unternehmen bei der Entwicklung von Gesundheitsangeboten im Metaverse zu begleiten?
- An welcher Stelle wird in unserem Unternehmen über diese Fragen diskutiert?

3.3 Infrastruktur für das Metaverse

3.3.1 Hardware

Für den Aufbau des Metaverse ist zunächst einmal **Hardware** erforderlich (vgl. Ball, 2021). Eine immersive Erfahrung kann zwar ohne ein VR-Headset ermöglicht werden, aber wer einmal eine solche Brille getragen hat, versteht den Unterschied: In wenigen Sekunden wird die physische Realität ausgeblendet und durch die virtuelle Realität ersetzt. Mit einer VR-Brille lassen sich virtuelle Realitäten nicht nur ausgiebig erkunden. Durch zusätzliche Technik, etwa einen VR-Controller oder VR-Handschuhe, ist auch eine Interaktion mit der virtuellen Wirklichkeit möglich.

Es gibt drei **Kategorien von VR-Brillen** (vgl. Horvath, 2018):

- **VR-Brillen für Konsolen und PCs**
  Diese Geräte werden direkt an eine Konsole oder den Computer angeschlossen.
- **VR-Brillen-Headsets für Smartphones**
  Bei den VR-Brillen für Smartphones wird ein Smartphone benötigt, um die Brille überhaupt verwenden zu können. Das Display der VR-Brille stellt das eigene Smartphone dar. Je nach Hersteller und Modell sind oft nur einige Handymodelle mit einer bestimmten VR-Brille kompatibel.
- **Standalone-VR-Brillen**
  Hierbei handelt es sich um vollständig autarke Virtual-Reality-Brillen. Es wird also nur die Brille selbst benötigt (samt Zubehör, wie etwa einem Controller), aber kein leistungsstarker Computer oder ein anderes Gerät. VR-Spiele, VR-Filme oder VR-Apps laufen direkt auf der VR-Brille.

Der Konzern *Meta* stellte im Herbst 2022 eine 1499 US$ teure VR-Brille vor, die *Meta Quest Pro*. Zielgruppe dafür ist primär Geschäftskundschaft. Die Brille soll u. a. das Gesicht der Menschen filmen, die sie tragen, um damit Mimik in virtuellen Treffen abzubilden (vgl. Meta, 2022). Perspektivisch soll die VR-Brille – nach Wunsch von *Meta*-CEO *Mark Zuckerberg* – sogar den Personal Computer ersetzen.

Warum ist für Meta die Entwicklung von eigener Hardware so wichtig?
Meta möchte die Abhängigkeit von anderen Unternehmen – vor allem von *Apple* – reduzieren. *Apple* hat bei *iOS 14.5* eine **App-Tracking-Transparenz** eingeführt. Hierbei handelt es sich um ein einfaches Dialogfeld, das beim ersten Start einer App angezeigt wird. Hier werden die Nutzenden gefragt, ob sie der App erlauben möchten, ihre Aktivitäten in den Apps und auf den Websites anderer Unter-

nehmen zu verfolgen. Da viele diese Frage verneinen, sind *Meta* im Jahr 2022 Werbeeinahmen in Milliardenhöhe weggebrochen – mit entsprechenden negativen Auswirkungen auf den Börsenwert. Vor diesem Hintergrund wird auch nachvollziehbar, warum *Meta* im Metaverse Arbeitslaptops ersetzen möchte. In vielen Fällen handelt es sich hier um *MacBooks!*

> **Food for Thought**
>
> Strebt *Meta* danach, sowohl die Hardware als auch das Betriebssystem des Metaverse zu kontrollieren?

Neben den VR-Brillen arbeiten Unternehmen an weiteren Produkten, die die Immersion steigern: Mit dem *Teslasuit* wurde ein **Ganzkörperanzug** entwickelt, der **haptisches Feedback** gibt und Bewegungen sowie **biometrische Informationen** erfasst (vgl. Teslasuit, 2022):

- Durch **Elektrosimulationen** an 46 Körperpunkten gibt der Anzug ein haptisches Feedback auf das Geschehen in der virtuellen Welt. Dies ermöglicht ein intensiveres Erlebnis, den Aufbau eines Muskelgedächtnisses, Autokorrekturtechnik und den Aufbau von Deep-Learning-Umgebungen.
- Das im Anzug verbaute **Motion-Capture-System** verwendet 14 IMU-Sensoren (Inertial Measurement Unit), um bestimmte Punkte rund um den *Teslasuit* zu identifizieren und die Bewegungen und Positionierung der Person im Raum zu verfolgen, aufzuzeichnen und zu überwachen. Jeder IMU-Sensor besteht aus einem Beschleunigungsmesser, einem Magnetometer und einem Gyroskop.
- Das **Biometriesystem** liefert eine Vielzahl von Informationen, die den körperlichen Zustand des Nutzenden erfassen. Das Photoplethysmografie-System (PPG) liefert Informationen über das kardiorespiratorische System, indem es den Herzschlag pro Minute (BPM), die arterielle Sauerstoffsättigung (SpO_2) und die Pulsfrequenzvariabilität (PRV) des Benutzers berechnet.

Durch einen solchen Ganzkörperanzug wird die Immersion noch deutlich verstärkt – und ein Abtauchen in die digitale Welt noch realistischer.

Für die Nutzung im privaten Bereich werden VR-Headsets, Smartphones sowie evtl. ergänzendes haptisches Zubehör benötigt, um sich im Metaverse zu bewegen. Die in Unternehmen erforderliche Hardware für die Entwicklung und den Betrieb von AR-basierten und/oder virtuellen Umgebungen ist viel umfassender. Hierzu bedarf es professioneller Industriekameras sowie leistungsstarker Projektions- und Trackingsysteme, um die Potenziale des Metaverse auszuschöpfen.

3.3.2 Geräteunabhängigkeit

Trotz der Betonung des immersiven Erlebens mittels entsprechender Endgeräte ist – zumindest heute noch – ein Erfolgsfaktor bestehender Proto-Metaverse-Welten die **Geräteunabhängigkeit.** Dies haben auch fast alle Interviewpartner (vgl. Abschn. 3.1) unabhängig voneinander betont:

- „Wir müssen im höchsten Maße inklusiv sein – die Plattform muss auf jedem *PwC*-Rechner laufen, was auf jeden Fall eine große Herausforderung für diese Art von Applikation ist. Genauso muss der Zugang auch ganz einfach außerhalb der *PwC*-Welt funktionieren. Außerdem war uns wichtig, dass alle *PwC*-Mitarbeiter die Plattform ohne spezielle oder zusätzliche Hardware nutzen können. Und so schön VR-Experiences auch sein mögen, nicht alle Use Cases sind sinnvoll in VR umzusetzen. Außerdem kommt nicht jeder gut damit klar – und nur wenige besitzen bisher überhaupt Headsets" (Lukas, 2022).
- „Der Grad der Immersion ist beim Zugang über die Brille am höchsten. Trotz allem zeige ich auch, dass der Zugang grundsätzlich absolut Device-unabhängig ist. Ein VR-Headset ist keine zwingende Voraussetzung, das ist mir auch persönlich sehr wichtig" (Ostler, 2022).

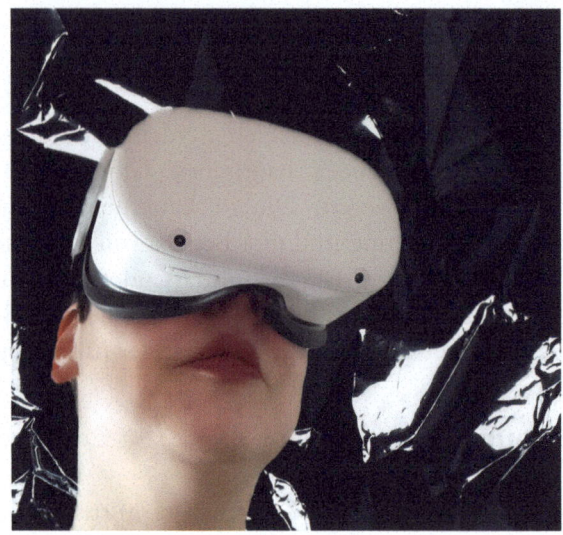

Abb. 3.7 Autorin mit VR Headset. (Quelle: Eigenes Foto)

- „…, wobei man nur mit VR heute noch nicht weit kommt, weil die Geräte noch nicht überall zur Verfügung stehen. Es eignen sich auch nicht alle Inhalte für eine VR-Umsetzung" (Rehms & Seyfried, 2022).

Neben der Tatsache, dass die heute verfügbaren **VR-/AR-Headsets** noch einen relativ hohen Preis haben, gibt es weitere Hindernisse in der täglichen Nutzung:

- **Gewicht der Devices**
  Die kürzlich vorgestellte *Meta Quest Pro* wiegt über 700 g. Dieses hohe Gewicht kann nach einer gewissen Tragezeit durchaus zu Schmerzen, Verspannungen und anderen nachteiligen Auswirkungen führen: „Even after adjusting and readjusting the straps, that weight was dragging on my face, messing up my makeup and breaking the anti-aging rule of never tugging on the skin" (Barinka, 2022). Die Autorin dieses Buches kann das bestätigen (vgl. Abb. 3.7).

- **Akkulaufzeit**
Meta gibt die Akkulaufzeit seines Devices mit ein bis zwei Stunden an. Das reicht für ein langes Meeting nicht aus.

Die Entwicklungen entsprechender Headsets sind aber in vollem Gange, und *John Carmack*, Berater bei *Meta*, hat als Ziel ein Headset von 250 g Gewicht für einen Preis von 250 US$ ausgerufen, um diese Geräte massentauglich zu machen (vgl. Herbig, 2022).

3.3.3 Netzwerke und Cloud-Infrastruktur

Eine weitere wichtige Komponente ist die **Vernetzung**. Die Anforderungen an eine komplexe Abbildung einer Welt, die allein in digitalen Netzwerken existiert, sind mit dem bisherigen Internet nicht zu vergleichen. Avatare und deren Interaktionen, Transaktionen, Meetings und Events müssen virtuell dargestellt und miteinander verknüpft werden. Die dafür benötigte Energie und Rechenleistung, die notwendige Bandbreite und nicht zuletzt der Bedarf an Speicherkapazitäten sind enorm. Ein Leben und Arbeiten im Metaverse setzt bspw. **stabile Realtime-Verbindungen** voraus. Außerdem sind **hohe Bandbreiten** und **geringe Latenzen** erforderlich. Diese sind technisch Stand heute (Q1 2023) in vielen Ländern noch nicht verfügbar.

Ball (2022) illustriert dies am Beispiel des *Microsoft Flight Simulators (MSFS)*: Die Welt dieses Simulators ist ein exaktes Abbild der echten Welt und greift auf die ca. 2,5 Petabyte großen, dreidimensionalen Welt- und Objektdaten von *Bing Maps* zu, um Städte und Landschaften so realistisch wie möglich darzustellen. 2,5 Petabyte können allerdings nicht auf einem privaten Endgerät wie der *Xbox* gespeichert werden. Das ist auch nicht nötig – bei den Spielenden selbst werden lediglich 150 Gigabyte Speicherplatz belegt, der Rest kommt aus der **Cloud**. Das bedeutet allerdings, dass für das Spielerlebnis eine stabile Internetverbindung unverzichtbar ist. Beim *MSFS* funktioniert das deshalb, weil die Daten nicht schnell benötigt werden: Die Spielenden simulieren ja gerade echte Flüge, und die dauern genauso lange wie in der Realität. Zwar können die Flüge abgekürzt werden, und man kann auch mitten im Flug abbrechen und einen neuen starten, allerdings dauert es dann eine gewisse Zeit, bis die neuen Daten geladen sind und man die aktuelle Umgebung sehen kann. Bei diesem Spiel ist die Geschwindigkeit, mit der sich die virtuelle Umgebung aufbaut, zweitrangig.

Bei Spielen wie *Fortnite,* wo schnelle Reaktionen und Bewegungen an der Tagesordnung sind, wird eine viel kleinere Datenmenge gestreamt – stattdessen liegt ein großer Teil der Daten auf dem Endgerät. Ansonsten erlauben weder Bandbreite noch Latenz des heutigen Internets ein friktionsfreies Spiel.

3.3.4 Rechenleistung

Um das Metaverse mit Leben zu füllen, ist eine beträchtliche **Rechenleistung** erforderlich. Diese wird für eine Vielzahl von physikalischen Berechnungen, für Datenabgleich und Datensynchronisation, für Projektionen, die Erfassung von Bewegungen sowie für das Rendering benötigt. Rendering, das Rendern bzw. die Bildsynthese beschreibt den Prozess, durch den in der Computergrafik die Erzeugung eines Bildes aus Rohdaten erfolgt. Diese Rohdaten können geometrische Beschreibungen im 2D- oder 3D-Raum umfassen.

Der Halbleiterhersteller *Intel* geht davon aus, dass eine 1000-fache Steigerung der Leistung gegenüber unserer derzeitigen kollektiven Rechenkapazität notwendig wäre, um „wirklich persistentes und immersives Computing in großem Maßstab zugänglich zu machen und für Milliarden Menschen mit Strom zu versorgen" (Klaiber, 2022).

Zurzeit arbeiten die Unternehmen, die Proto-Metaverse-Anwendungen anbieten, mit unterschiedlichen **„Tricks", um mit der begrenzten Rechenleistung der im Privatbereich genutzten Endgeräte umzugehen** (vgl. Ball, 2022, S. 91):

- **Begrenzung der Anzahl der Nutzenden,** die sich gleichzeitig am gleichen Ort aufhalten können (so bei *Fortnite*)
- **Einfach gehaltene grafische Umsetzung** (etwa bei *Horizon Worlds*)
- **Reduktion der möglichen Aktionen und Bewegungen,** wenn viele Spielende an einem Ort zusammenkommen (bei *World of Warcraft*)

- **Vergrößerung der Map** mit vielen unterschiedlichen „Points of Interest", um die Spielenden zu verteilen (bei *GTA*)

Um die angestrebte **Synchronität** und den Anspruch an **Quasi-Echtzeit** erreichen zu können, wird es notwendig sein, sehr viel leistungsfähigere Endgeräte einzusetzen.

3.3.5 Standards

Für die Vision eines **interoperablen Metaverse** ist eine **Normierung** notwendig. Erst die Einigung auf gemeinsame Standards schafft die Voraussetzung dafür, dass bspw. ein Avatar in verschiedenen Metaverse-Welten gleichermaßen agieren kann. Diese Entwicklung von Standards wird ein sehr darwinistischer Prozess des Experimentierens, ein Prozess von Trial and Error sein.
Neil Trevett, u. a. Vorsitzender des *Metaverse Standards Forums,* sieht uns hier noch ganz am Anfang:

> „Wir bauen nach und nach das Metaverse auf, was auch immer es am Ende sein wird. Ich denke, die meisten Menschen sind sich einig, dass es eine Mischung aus der Konnektivität des heutigen Webs und der Immersivität des räumlichen Computings in all seinen Facetten sein wird. 3D-Grafik, erweiterte virtuelle Realität, Raytracing, maschinelles Lernen oder all diese Dinge. Es wird eine Kombination sein, die diese beiden Bereiche zusammenbringt. Aber dazu müssen viele Technologien auf neuartige Weise zusammengeführt werden, wie wir es bisher noch nicht getan haben." (Forbes, 2022; Übers. d. Verf.)

Orientiert an dieser Aussage von *Neil Trevett* wurde im Juni 2022 das **Metaverse Standards Forum** gegründet. Laut eigener Website bringt es führende Normungsorganisationen und Unternehmen für eine branchenweite **Zusammenarbeit bei Interoperabilitätsstandards** zusammen. Diese sind für den Aufbau des offenen Metaverse unverzichtbar. Das *Metaverse Standards Forum* untersucht, wo der Mangel an Interoperabilität die Einführung des Metaversums behindert. Zusätzlich wird geprüft, wie die Arbeit der Organisationen zur Entwicklung von Standards (**Standards Developing Organisations** oder **SDOs**) beschleunigt werden kann, die solche erforderlichen Standards definieren, weiterentwickeln und koordinieren. Die Mitgliederzahl steigt kontinuierlich an (https://metaverse-standards.org/members/). Dies ist ein deutliches Signal, wie wichtig und notwendig das Thema Standards für den Aufbau des Metaverse ist.

> **Merk-Box**
>
> Beim **Raytracing** – auf Deutsch „Verfolgung von Strahlen" – handelt es sich um eine Technologie zur realistischen Berechnung von Lichtstrahlen – auch von solchen, die sich außerhalb des Bildausschnitts befinden. Hierzu werden Schatten berechnet, aber auch Licht, das an Oberflächen mit unterschiedlichen Strukturen abprallt. Je nach Beschaffenheit schlucken die Oberflächen Licht oder lassen es durch. Diese Berechnungen sind wichtig, um realistische Spiegelungen in Fenstern, Spiegeln oder Pfützen darzustellen oder zu zeigen, wie Licht durch Vorhänge oder andere Stoffe schimmert.
>
> Hierzu werden beim Raytracing sowohl sichtbare wie auch unsichtbare Lichtstrahlen realistisch berechnet. Erst durch Raytracing wird eine **lebensechte Beleuchtung** in Computerspielen, in animierten 3D-Grafiken und folglich auch im Metaverse möglich. Der Algorithmus des Raytracings ermöglicht folglich eine realitätsnahe Sichtbarkeit von dreidimensionalen Objekten von einem bestimmten Punkt im Raum aus. Dieses Verfahren ist nicht neu. Neu ist hingegen, dass es nun in Quasi-Echtzeit geschieht und eine realitätsnahe Beleuchtung dynamisch in das aktuelle Geschehen einbezieht (vgl. Reismann, 2020).

Der nächste Schritt besteht darin, auch **olfaktorische Reize (Geruch)** in das Metaverse zu integrieren. Hierzu wurden im Jahr 2023 auf der **CES** in Las Vegas erste Prototypen präsentiert. Den „Duft von Urwald" konnte man gut nachvollziehen. Allerdings fiel es schwer, den „Duft von Wolken" angemessen wiedererkennen zu können. Auch der Prototyp überzeugte beim Tragen noch nicht ganz (vgl. Abb. 3.8).

> **Fragen, die Sie sich stellen sollten**
>
> - Welche Position können wir im Zuge des Aufbaus eines Metaverse hinsichtlich der Infrastruktur einnehmen – die Nutzungs- oder die Enablerposition?
> - Aus der **Nutzungsperspektive** stellen sich die folgenden Fragen:

- Welche der vorgestellten Elemente der Metaverse-Infrastruktur sind in unserem Unternehmen schon vorhanden?
  - Welche Elemente sind zu beschaffen, um beim Metaverse mitzuwirken?
  - Welche Qualifikationen müssen hierfür aufgebaut werden?
  - Wo könnten erste Use Cases ermittelt werden, um die Relevanz des Metaverse im Innen- und/oder im Außenverhältnis zu ermitteln?
- Aus der **Enablerperspektive** stellen sich die folgenden Fragen:
  - In welche Infrastruktur können eigene Entwicklungen eingebracht werden?
  - Welche Innovationsprozesse sind anzustoßen, um ein wichtiger Enabler für das Metaverse zu werden?
  - Ist eine Mitarbeit beim *Metaverse Standards Forum* zu empfehlen, um bei der Definition von Standards für das Metaverse mitzuwirken?
- An welcher Stelle wird in unserem Unternehmen über diese Fragen diskutiert?

Abb. 3.8 Prototyp, um im Metaverse olfaktorische Reize zu vermitteln. (Quelle: Eigenes Foto)

3.4 Technologien für das Metaverse

3.4.1 Erweiterte und virtuelle Welten

Wenn es darum geht, die verschiedenen **Ausprägungen der erweiterten Realität** zu beschreiben, finden wir unterschiedliche Begriffe. Teilweise werden diese auch unterschiedlich definiert. Als Oberbegriff wird häufig die Abkürzung **XR** genannt – meist als **Extended Reality** zu verstehen. Laut Rauschnabel et al. (2022) ist dies aber zu eng gegriffen:

> „XR should not be used to connote extended reality, but as a more open approach where the X implies the unknown variable: xReality." (Rauschnabel et al., 2022, S. 1)

Auf diese Weise wird der Tatsache Rechnung getragen, dass wir Stand heute noch nicht in der Lage sind, die Möglichkeiten der erweiterten Realität vollumfänglich einzuschätzen, die sich durch zukünftige technologische Entwicklungen ergeben werden. In dem Framework von Rauschnabel et al. (2022) werden die folgenden Begriffe definiert und zueinander in Beziehung gesetzt:

- Augmented Reality (AR)
- Mixed Reality (MR)
- Virtual Reality (VR)
- xReality (XR)

Abb. 3.9 ordnet diese Begriffe auf Basis von Rauschnabel et al. (2022, S. 6) ein. Das wichtigste Unterscheidungskriterium zwischen AR und VR ist die Frage, ob die physische Umgebung zumindest sichtbar bleibt und Teil der Erfahrung ist. Wird diese Frage bejaht, befinden wir uns im Bereich von **Augmented Reality** mit einem Spektrum von **Assisted Reality** bis **Mixed Reality**. Wird die Frage dagegen verneint, befinden wir uns im Bereich **Virtual Reality**. Hier reicht das Spektrum von der

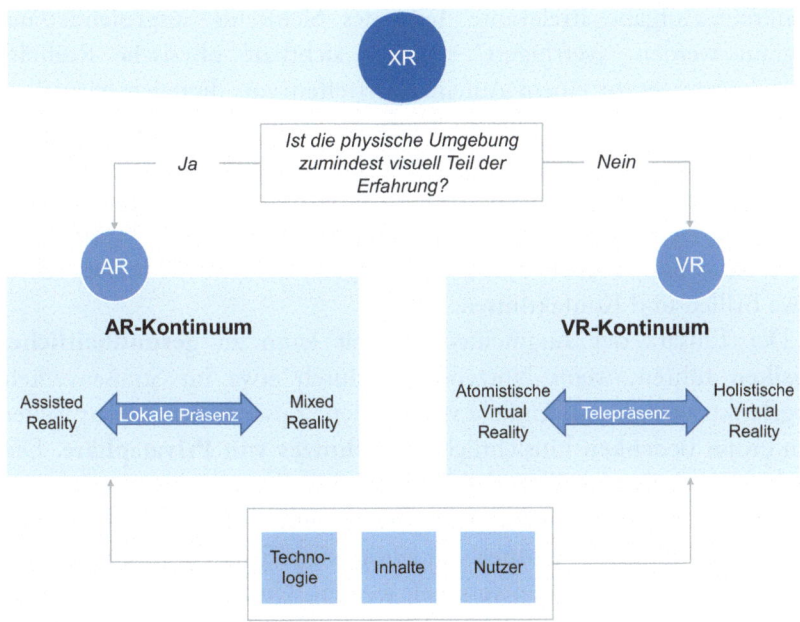

Abb. 3.9 XR-Framework. (Quelle: vgl. Rauschnabel et al., 2022)

atomistischen Virtual Reality bis zur **holistischen Virtual Reality.** Die Gesamtheit der hier erreichbaren Konzepte bildet die **xReality.**

> **Merk-Box**
>
> **Augmented Reality** bringt alles zum Nutzenden an seinem jeweiligen physischen Standort. **Virtual Reality** bringt die Nutzenden dagegen an jeden möglichen Ort, den sich die Phantasie ausdenken kann. Hierzu mischen die Technologien das Reale und das Digitale in unterschiedlichem Ausmaß: Die AR erweitert die Realität um digitale Elemente. Die VR blendet die Realität dagegen zugunsten des Digitalen vollkommen aus (vgl. Bitkom, 2020, S. 7).

Augmented Reality (AR)

Bei der Augmented Reality wird die physische Realität durch virtuelle Elemente angereichert bzw. erweitert oder verringert (wenn für die konkrete Aufgabe irrelevante Teile des Sichtfelds ausgeblendet/ausgegraut werden, „verringert" sich die sichtbare physische Realität). Hier kommt es zu einem Aufeinandertreffen von digitalem/virtuellem und analogem Leben. Hierbei spielt die reale Umgebung weiterhin eine wichtige (sichtbare) Rolle. Das digitale und das analoge Leben können über unterschiedliche Devices verknüpft werden. Hierzu zählen stationäre Geräte oder Displays. Es kann auch eine mobile Verknüpfung über Smartphone oder Wearables erfolgen. Zu den Wearables zählen etwa Brillen und Kontaktlinsen.

Der Einsatz der Augmented Realität kann zu **gesundheitlichen Risiken** führen, wenn Nutzende hierdurch etwa im Straßenverkehr abgelenkt werden und Unfälle verursachen. Zusätzlich bestehen weiterhin große Bedenken hinsichtlich des **Schutzes von Privatsphäre.** Dies ist bspw. bei Datenbrillen der Fall, die mit Kameras ausgestattet sind und ihre Umgebung aufnehmen. Durch eine Software zur Gesichtserkennung könnten Personen eindeutig identifiziert und anschließend mit beschreibenden Daten versehen werden. Unkritische Anwendungsfälle sind heute schon verfügbare Lösungen, bei denen „digitale" Möbel oder Teppiche in das reale Wohnumfeld positioniert werden, um die Stimmigkeit zu prüfen (vgl. Rauschnabel et al., 2022, S. 6). Dies wird durch die Kombination aus realen und virtuellen Inhalten ermöglicht, die in Echtzeit angezeigt werden.

Ergebnisse der Studie von Rauschnabel et al. (2022) empfehlen, zwischen den folgenden Arten von AR zu unterscheiden (vgl. Abb. 3.9):

- **Assisted Reality**
  Hier werden AR-Devices bspw. dazu verwendet, um textbasierte Informationen über reale Gegenstände wie Maschinen oder Sehenswürdigkeiten zu legen. Der Zweck der virtuellen Objekte besteht darin, den Nutzenden dabei zu helfen, ein besseres Verständnis der physischen Umgebung zu erlangen. Eine Verschmelzung von virtuellen Objekten mit der realen Welt erfolgt hier nicht.
- **Mixed Reality**
  Hierbei handelt es sich eine hochentwickelte Form von AR, die die Umgebung dreidimensional abbildet und digitale Objekte realistisch und nahtlos in die Wahrnehmung der realen Welt integriert. Bei

dieser Mixed Reality werden die beiden Realitäten (real und virtuell) miteinander verschmolzen und im Extremfall für die Nutzenden nicht mehr unterscheidbar.

Die eingesetzten Devices schotten weder im Fall von Assisted noch von Mixed Reality die Nutzenden vollständig vom realen Leben ab. In der Öffentlichkeit wurde Augmented Reality durch das Spiel *Pokémon Go* bekannt. Hier waren auf einmal Millionen Menschen unterwegs, um virtuelle Fantasiewesen zu jagen.

Virtual Reality (VR)
Unter Virtual Reality wird die Darstellung sowie die gleichzeitige Wahrnehmung einer virtuellen und damit nur scheinbar existierenden Wirklichkeit verstanden. Die lokale physische Umgebung wird komplett ersetzt bzw. ausgeblendet. Hierdurch ergibt sich auch der typische Nutzungskontext: Während AR theoretisch immer und überall genutzt werden kann, werden VR-Anwendungen in einem sicheren Bereich eingesetzt. Das kann zu Hause, im Büro oder in bestimmten Kontexten sein, bspw. in der Therapie, in Freizeitparks oder in speziellen Geschäften.

Folgende typische **Anwendungsfälle für VR** können unterschieden werden (vgl. Rauschnabel et al., 2022, S. 6):

- Situationen, in denen der physische Kontext nicht existiert (etwa bei Spielen)
- Einsatzbereiche, in denen der physische Kontext nicht oder nicht mehr zugänglich ist (so beim Besuch im Weltall oder bei Zeitreisen)
- Trainingssituationen, in denen man Menschen nicht in den realen physischen Kontext platzieren möchte, weil dieser große Gefahren birgt (etwa beim Räumen von Minen oder in radioaktiv verseuchten Umfeldern)

Um in eine **in Quasi-Echtzeit computergenerierte, interaktive virtuelle Umgebung** einzutauchen, sind spezielle Devices wie Headsets nötig. Diese blenden die reale Welt vollkommen aus. Erst diese VR-Brillen lassen Menschen in künstlich erschaffene Welten eintauchen, die täuschend echt erscheinen können. Hierdurch kann es bei der Virtual Reality zur **Immersion** kommen. Der Begriff Immersion steht für ein **vollständiges Eintauchen in eine virtuelle Umgebung.** Zu diesem Eintauchen kommt es vor allem dadurch, dass die Menschen direkt mit der virtuellen Realität interagieren können. So können die digitalen Stimuli die Realität so stark überlagern, dass die virtuelle Umgebung als real empfunden wird.

Eine Immersion kann auch Risiken hervorrufen. Hierzu zählen **Kollisionen** oder **Unfälle,** die durch eine Abkopplung des VR-Anwenders von der realen Welt verursacht werden. So kann sich dieser im digitalen Raum aktiv bewegen und hierbei an die Grenzen der physischen Welt stoßen, in der sich der menschliche Körper nach wie vor befindet. Bei Nutzenden stellt sich teilweise auch eine sogenannte **Motion Sickness** ein. Hierbei handelt es sich um ein Schwindel- oder Übelkeitsgefühl, das durch die widersprüchlichen Informationen entsteht, die der Mensch durch seine unterschiedlichen Sinnesorgane gleichzeitig aufnimmt.

Die Immersion bezeichnen Rauschnabel et al. (2022) auch als **Telepräsenz,** die unterschiedlich stark empfunden werden kann. Sie schlagen vor, VR-Anwendungen auf einem Kontinuum zwischen atomistischen und holistischen VR-Erfahrungen zu positionieren (vgl. Abb. 3.9):

- **Atomistische Virtual Reality**
  Mit diesem Begriff werden VR-Anwendungen beschrieben, für die die Qualität des Erlebnisses weniger wichtig ist als das zu erzielende Ergebnis. So kann VR z. B. zum Training an einer Produktionsanlage wie bei *Bühler Motor* eingesetzt werden. Hier ist die Erledigung einer Aufgabe das primäre Anliegen (vgl. Interview mit *Connected Reality* in Abschn. 3.2.1). In diesen Fällen ist die Wahrnehmung der Telepräsenz durch die Nutzenden weniger wichtig als das Erreichen eines bestimmten Ziels.
- **Holistische Virtual Reality**
  Die holistische VR beschreibt eine Erfahrung, die von einem realen Erlebnis kaum zu unterscheiden ist. In diesen Fällen ist das Erlebnis wichtiger als ein wie auch immer geartetes Ergebnis.

Bei Computerspielen wird heute bereits häufig eine holistische VR erreicht. Dies gelingt, wenn zusätzliche Devices eingesetzt werden – etwa ein **haptischer Handschuh**. Ein solcher Handschuh kann durch ein Finger-Tracking Handbewegungen in die virtuelle Realität übertragen. Hierdurch können Gegenstände in der virtuellen Realität ertastet und ergriffen werden. Die Immersion wird auch durch eine **haptische Jacke** oder einen **haptischen Anzug** verstärkt, wie bereits beim *Teslasuit* beschrieben wurde. Verschiedene Motoren übertragen in solchen Kleidungsstücken Druck auf den menschlichen Körper durch sogenannte Stimuli-Punkte. So kann nicht nur der Sound von VR-Spielen körperlich gespürt werden – etwa die tiefen Basstöne. Auch Schläge in einer körperlichen Auseinandersetzung können im realen Körper gefühlt werden. Durch den Einsatz von Sensoren in einer solchen Jacke oder in einem Anzug kann auch ganz präzise erkannt werden, wie und wohin sich der Nutzende bewegt. Das begeisternde Versprechen eines Anbieters solcher Anzüge lautet sinngemäß:

„Unser Anzug lässt euch jeden Schuss und Schlag in VR am eigenen Leib spüren."

Ob das in jedem Fall so erstrebenswert ist, sei dahingestellt.

Das französische Unternehmen *Actronika* hat eine haptische Weste hierfür entwickelt (vgl. Abb. 3.10). Diese wurde auf der CES in Las Vegas mit dem Innovation Award ausgezeichnet (vgl. Actronika, 2023).

3.4.2 Blockchain

Der **Blockchain** wird im Metaverse eine große Bedeutung zukommen. Deshalb ist ein tiefes Verständnis der Blockchain unverzichtbar.

„Blockchains sind fälschungssichere, verteilte Datenstrukturen, in denen Transaktionen in der Zeitfolge protokolliert, nachvollziehbar, unveränderlich und ohne zentrale Instanz abgebildet sind. Mit der Blockchain-Technologie lassen sich Eigentumsverhältnisse direkter und effizienter als bislang sichern und regeln, da eine lückenlose und unveränderliche Datenaufzeichnung hierfür die Grundlage schafft." (BaFin, 2017)

Abb. 3.10 Haptische Weste, um körperliche Reize im Metaverse zu vermitteln. (Quelle: Eigene Fotos)

> **Merk-Box**
>
> Die Blockchain ist das dezentrale digitale Grundbuch für digitale Transaktionen.

Durch eine **redundante Datenspeicherung** und einen **Konsensmechanismus** zwischen den Teilnehmenden des Blockchain-Netzwerkes wird Folgendes sichergestellt:

- **Smart Contracts**
  Keine einzelne Partei kann die gespeicherten Informationen und Programmcodes verändern oder kontrollieren. Solche Smart Contracts gelten – nach heutigen Standards – weitgehend als fälschungssicher.
- **Digitale Assets**
  Durch die Blockchain können digitale Vermögenswerte – die sogenannten digitalen Assets – geschaffen werden. Diese können weder zentral kontrolliert noch vervielfältigt werden. Durch Smart Contracts wird es sogar möglich, Business-Logik abzubilden und damit komplexe Vermögenswerte mit Eigenschaften jenseits von Krypto-Währungen zu schaffen.

> **Merk-Box**
> Erst die Blockchain ermöglicht ein „**Trust the Trustless**" – ein Vertrauen in Personen und Institutionen, denen man sonst nicht vertrauen würde.

Die Blockchain-Technologie unterstützt die Entwicklungen im Metaverse durch die folgenden Aspekte (vgl. Bitkom, 2022, S. 17):

- **Schaffung von Wert und Ownership sowie Sicherstellung einer Transferierbarkeit**
  Durch die Blockchain wird das **Double-Spending-Problem** gelöst. Dieses Problem tritt auf, wenn bei Transaktionen mit digitalen Währungen derselbe Betrag mehrmals ausgegeben wird. Nachdem dieses Problem bewältigt ist, können auch digitale Güter nicht beliebig oft kopiert werden. Das gelingt, ohne dass dies durch eine zentrale Partei kontrolliert werden müsste. Digitale Güter im Metaverse (etwa Ingame Assets, digitale Kunst oder digitale Kleidungsstücke) werden hierdurch unabhängig von der ausgebenden Partei und können dann nur durch die Eigentümerin oder den Eigentümer kontrolliert und transferiert werden.
- **Interoperabilität**
  Durch Nutzung einer gemeinsamen Infrastruktur können die Entwicklerinnen und Entwickler von Anwendungen die dort vorhandenen Funktionen und digitalen Assets nutzen und einbinden. Hierdurch können **Ökosysteme** entstehen, die sich gegenseitig befruchten und zu einer sehr schnellen und innovativen Weiterentwicklung führen. Digitale Güter könnten zusammen mit geeigneten Standards zu einer erhöhten Interoperabilität der verschiedenen Metaverse-Anwendungen führen. Ein Beispiel hierfür sind im *Ethereum*-Ökosystem die Smart-Contract-Standards ERC20 oder ERC721 für Fungible und Non-Fungible Tokens. Hier wird auch der zentrale Unterschied zu Computerspielen und früheren 3D-Welten sichtbar. In diesen konnten zwar bereits über Ingame-Käufe virtuelle Gegenstände erworben werden. Diese waren aber nur innerhalb des jeweiligen Spiels oder der zugehörigen Welt nutzbar.

- **Authentizität und Rückverfolgbarkeit**
Durch die Unveränderbarkeit der Blockchain entsteht ein **Audit-Trail** – auf Deutsch: ein Prüf-Pfad. Unter Audit-Trail wird eine sichere, computergenerierte und zeitgestempelte elektronische Aufzeichnung verstanden. Diese erlaubt es, den Verlauf aller Transaktionen bzw. aller Ereignisse nachzuvollziehen, die etwas mit der Erstellung, der Veränderung und/oder dem Löschen von elektronischen Aufzeichnungen zu tun haben. Durch einen Audit-Trail wird folglich die Historie jedes Assets rückverfolgbar – allerdings in pseudonymer Form.
Diese **Rückverfolgbarkeit** hat etwa bei digitaler Kunst eine hohe Bedeutung. Schließlich kann die zugehörige Bilddatei weiterhin beliebig oft kopiert werden; daran kann auch die Blockchain nichts ändern. Hier unterscheidet sich allerdings ein physisches Kunstwerk, das auch kopiert werden kann, nicht grundsätzlich von einer digitalen Bilddatei. Allerdings kann die rechtmäßige Eigentümerin bzw. der rechtmäßige Eigentümer des Originals über die Blockchain eindeutig nachgewiesen werden. Dadurch wird **Authentizität** kreiert. Durch die Rückverfolgbarkeit entstehen auch Historie und Kontext, die für den Wert eines Kunstwerks entscheidend sein können.
Zusätzlich liefert die Blockchain die technologische Basis, über die **digitale Identitäten** abgebildet werden. Bei diesen digitalen Identitäten verfügen die Nutzenden über die Kontrolle ihrer Daten. Dadurch können sie ihre Daten selektiv einzelnen Parteien nach Bedarf freigeben und verifizierbar machen. Man spricht hier von **Self-Sovereign Identity (SSI)**. Eine verifizierbare Identität, die gleichzeitig Datenschutz sicherstellt, ist ein weiterer entscheidender Baustein eines zukünftigen dezentralen Metaverse.

3.4.3 Künstliche Intelligenz – Artificial Intelligence

Künstliche Intelligenz (**KI**, englisch **AI** für **Artificial Intelligence**) ist ein Teilgebiet der Informatik, das sich damit befasst, wie ein Computer intelligentes, menschliches Verhalten nachahmen kann. KI ist nicht eine einzelne Technologie, sondern besteht aus drei Bausteinen: Daten inklusive Datenbanken, maschinelles Lernen und neuronale Netze bzw. analytische Modelle. Maschinelles Lernen und vor allem Deep Learning eröffnen völlig neue Möglichkeiten bei der automatischen Sprachverarbeitung und Bildanalyse, der Cybersicherheit, dem Kundenmanagement – und in der Welt des Metaverse (vgl. Bitkom, 2022, S. 15; vertiefend Kreutzer & Sirrenberg, 2019[1]).

Das Metaverse baut in vielen Bereichen auf der Künstlichen Intelligenz auf. Erst durch die KI werden fotorealistische Bewegungen möglich. Hierzu sind hochkomplexe Rechenoperationen erforderlich. Eine große Herausforderung stellt es allerdings heute noch dar, im digitalen Umfeld einen direkten Augenkontakt herzustellen. Um für die Nutzenden ein möglichst „perfektes" Erleben des Metaverse zu schaffen, sind in die Anwendungen die jeweiligen Kontexte umfassend in die Erlebnisse zu integrieren.

Die Auswertung dieser in Quasi-Echtzeit erhebbaren Datenströme über den jeweiligen Kontext stellt einen perfekten Use Case für die Künstliche Intelligenz dar. Die Daten können hier nicht nur direkt analysiert, sondern auch zu Interventionen im Metaverse – wiederum in Quasi-Echtzeit – verwendet werden. Die gewonnenen Informationen lassen sich kontinuierlich für die Weiterentwicklung spezifischer Anwendungen sowie des Metaverse generell nutzen.

Ein weiterer Bereich, in dem die Künstliche Intelligenz ihr Potenzial entfalten wird, ist die **Entwicklung von Avataren.** Eine KI-Engine kann 2D-Bilder oder 3D-Scans der Nutzerinnen und Nutzer analysieren, um so schnell und unkompliziert einen äußerst realistischen Avatar zu erstellen. Entsprechende Angebote gibt es bspw. von Fotor (2022) und Media.io (2022). Sie kann obendrein Gesichtsausdrücke, Emotionen, Frisuren usw. hinzufügen, um den Avatar dynamischer zu gestalten. Genauso kann KI auf Basis des realen Aussehens statt fotorealistischer Abbilder auch völlig neue Ausdrucksformen und Erscheinungsbilder kreieren.

Wie überzeugend – oder wenig überzeugend – solche Ergebnisse einer KI-basierten Avatar-Entwicklung heute schon ausfallen, zeigt

---

[1] Die 2. Auflage von „Künstliche Intelligenz verstehen" erscheint voraussichtlich 2023.

Abb. 3.11. Basierend auf dem Foto des Autors entwickelte Media.io (2022) verschiedene Avatar-Versionen. Hierbei wurden – im Uhrzeigersinn – die Varianten „Comic – Original", „Comic – Surprise", „Disney – Angry" und „Disney – Original" gewählt. Statt eines ggf. langwierigen Arbeitens am eigenen Avatar waren hier nur ein Foto und zwei Minuten Wartezeit notwendig, um einen Avatar zu kreieren.

Ein wichtiger Bestandteil des Metaverse wird das **Auflösen von Sprachbarrieren** sein. KI-Systeme können heute schon die gesprochene Sprache in Sekundenbruchteilen in eine Sprache der Wahl umwandeln. Sie erlauben hierdurch ein natürliches Gespräch über Sprachbarrieren hinweg. Hierdurch können sprachliche Eintrittsbarrieren ins Metaverse abgebaut werden (vgl. Bitkom, 2022, S. 16; vertiefend Kreutzer & Sirrenberg, 2019).

3.4.4 Game Engine und digitale Ökosysteme

Der Code virtueller Welten wird typischerweise in einer **Game Engine** zusammengefasst. Game Engine ist ein weit gefasster Begriff. Dieser bezieht sich auf eine Sammlung von Technologien und Frameworks, die

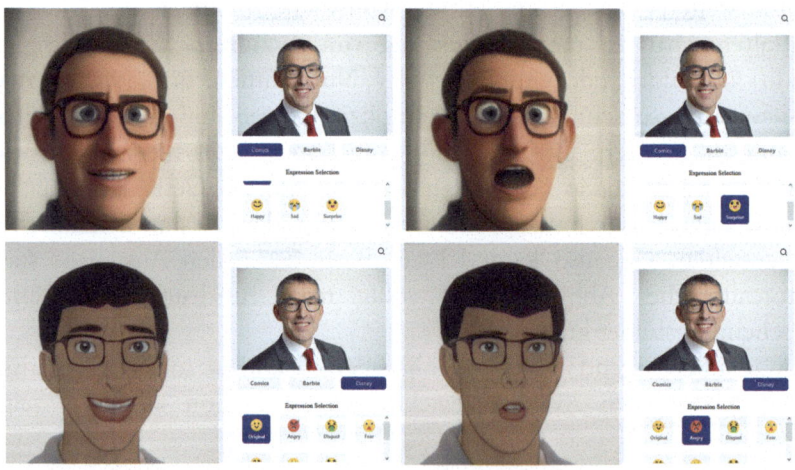

Abb. 3.11 KI-generierter Avatar – basierend auf einem Foto

ein Spiel aufbauen, rendern, die Spiellogik verarbeiten und den Speicher verwalten (vgl. Kap. 1). Um diese Game Engines haben sich mittlerweile **digitale Ökosysteme (Digital Business Ecosystems, DBE)** entwickelt. Digital Business Ecosystems sind **kollaborative Netzwerke** aus heterogenen und geografisch verteilten Organisationen. Deren Beziehungen zueinander gehen über generische Leistungsbeziehungen – wie Einkauf von Produkten oder Dienstleistungen – hinaus. Diese Organisationen werden nicht vollständig hierarchisch kontrolliert.

Die **Anbieter der Game Engines** spielen eine zentrale Rolle bei der Ausgestaltung der digitalen Ökosysteme. Schließlich beeinflussen und begrenzen deren Strategien zur Orchestrierung des Ökosystems das Marktverhalten, die Innovationsfähigkeit und Wettbewerbsfähigkeit der anderen Unternehmen (vgl. Hein et al., 2020, S. 90–91). Die digitalen Ökosysteme bilden somit den Rahmen für alle Unternehmen, die auf einer gemeinsamen Plattform aktiv sind. Sie können dort miteinander kooperieren, aber auch in Konkurrenz zueinander stehen. Ein Beispiel verdeutlicht diesen Aspekt: Alle XR-Firmen, die VR-Brillen von *Oculus* verwenden, sind Teil des *Oculus*-Ökosystems. Ein XR-Unternehmen kann gleichzeitig in mehreren digitalen Ökosystemen mitwirken (vgl. Zabel et al., 2022, S. 76). Einige der bekanntesten digitalen Ökosysteme sind *Apple, Epic Games, Google, HTC, Microsoft, Oculus/Meta, Pico, Sony, Steam, Unity Technologies und Unreal Engine*.

Im Rahmen der **XR-Studie 2022** (vgl. Zabel et al., 2022) wurden 130 Virtual-, Mixed- und Augmented-Reality-produzierende Unternehmen (zusammen: XR-Unternehmen) in Deutschland zu unterschiedlichen Aspekten befragt – auch zum Metaverse. Laut dieser Studie spielen die **digitalen Ökosysteme** eine zunehmend große Rolle. Erst diese Ökosysteme ermöglichen die digitalen und häufig dreidimensionalen Simulationen. Erst sie erlauben es den Nutzenden, sich in diesen Welten einfach zu bewegen, Neues zu erschaffen und mit anderen zu interagieren. Folgende spannende Ergebnisse wurden ermittelt (vgl. Zabel et al., 2022, S. 11):

- 68 % der im Rahmen der Studie befragten Unternehmen nutzen das digitale Ökosystem von *Unity*.
- 65 % sind im Ökosystem von *Oculus/Meta* aktiv.

- 44 % setzen auf die *Unreal Engine*.
- Knapp 18 % gaben an, sich lediglich auf ein digitales Ökosystem zu konzentrieren.
- Die Mehrheit (53 %) nutzt bis zu drei verschiedene Ökosysteme.
- 47 % der repräsentativ befragten Unternehmen waren in sogar in vier Ökosystemen oder mehr eingebunden. Hierbei waren vier Ökosysteme die häufigste Antwort (23 %).
- *Oculus/Meta* wird als wichtigstes einzelnes digitales Ökosystem gesehen (32 % der Nennungen). Es folgt *Apple* (19 %), das mit Blick auf den AR-Markt von großer Bedeutung ist. Als VR-bezogenes Hardware-Ökosystem folgt mit 14 % *HTC*.

Es ist eine strategische Entscheidung, in wie vielen digitalen Ökosystemen ein Unternehmen aktiv sein möchte. In der wissenschaftlichen Literatur wird dies unter dem Begriffe **Single-Homing** bzw. **Multi-Homing** diskutiert (vgl. Chen et al., 2022, S. 631):

- **Single-Homing**
  Hier fokussiert sich ein Unternehmen auf ein Ökosystem, um dort Spezialisierungsvorteile zu generieren.
- **Multi-Homing**
  Bei diesem Vorgehen richtet sich ein Unternehmen auf verschiedene digitale Ökosysteme aus. Hierdurch wird die eigene Flexibilität gesteigert und Abhängigkeiten werden verringert. Allerdings steigen hierdurch die Anpassungskosten an die verschiedenen Ökosysteme deutlich.

Fragen, die Sie sich stellen sollten

- Welche Position können wir im Zuge des Aufbaus eines Metaverse hinsichtlich der relevanten Technologien einnehmen – die Nutzungs- oder die Enablerposition?
- Aus der **Nutzungsperspektive** stellen sich die folgenden Fragen:
  - Welche der für das Metaverse relevanten Technologien sind in unserem Unternehmen schon vorhanden?
  - Mit welchen Technologien sollte sich unser Unternehmen befassen, um beim Metaverse mitzuwirken?

- Welche Bedeutung werden die verschiedenen Varianten von AR und VR für unsere Kundinnen und Kunden haben?
- Können unsere Produkte und Dienstleistungen durch den Einsatz von Blockchain verbessert – oder ganz neue Angebote entwickelt – werden?
- Welche Bedeutung haben digitale Identitäten für unsere Kundinnen und Kunden – und welche Lösungen sollten wir hier anbieten?
- Wie können wir durch den Einsatz der Künstlichen Intelligenz Kosten reduzieren und/oder neue Kundenvorteile erzielen?
- Auf welche Game Engines sollten unsere Angebote ausgerichtet werden?
- Welche Bedeutung werden digitale Ökosysteme für unsere Kundschaft aufweisen – und was bedeutet das für unser heutiges Geschäftsmodell?
- Welche Qualifikationen müssen hierfür aufgebaut werden?
- Wo könnten erste Use Cases ermittelt werden, um die Relevanz dieser Technologien für das Metaverse im Innen- und/oder im Außenverhältnis zu ermitteln?

• Aus der **Enablerperspektive** stellen sich die folgenden Fragen:
- Welche bereits vorhandenen Technologien können in die Entwicklungen des Metaverse eingebracht werden?
- Welche Prozesse zur (Weiter-)Entwicklung von Technologien sind anzustoßen, um ein wichtiger Enabler für das Metaverse zu werden?
- Können wir bei der Entwicklung der verschiedenen Arten von AR und VR unterstützen – durch Consulting, durch Technologien und/oder durch spezielle Devices?
- Besitzen wir die Expertise, um andere Unternehmen beim Einsatz der Blockchain zu unterstützen – etwa durch Beratung, eigene Produkte etc.?
- Können wir Unternehmen bei der Entwicklung von digitalen Identitäten unterstützen?
- Verfügen wir über die notwendige Expertise in Sachen KI, um andere Unternehmen beim KI-Einsatz zu begleiten und zu unterstützen?
- Für welches bzw. für welche Game Engines sollten Lösungskonzepte zur Unterstützung von Unternehmen entwickelt werden?
- Wie können wir andere Unternehmen bei der Entwicklung von digitalen Ökosystemen unterstützen?
- Auf welche bzw. auf welches der Ökosysteme sollten wir uns konzentrieren?

• An welcher Stelle wird in unserem Unternehmen über diese Fragen diskutiert?

3.5 Monetarisierung innerhalb des Metaverse

3.5.1 Payment

Um mit dem Metaverse Geld zu verdienen, sind **digitale Zahlungsprozesse** aufzubauen. Diese müssen nicht nur Zahlungsvorgänge mit analogen, sondern auch mit digitalen Währungen unterstützen. Aus Sicht von Banken und anderen Finanzdienstleistern ergibt sich als naheliegende Möglichkeit, den Kundinnen und Kunden einen sicheren Zugang zum Metaverse zu ermöglichen. Hierfür werden Wallet-Lösungen und verifizierbare Identitäten eingesetzt. Außerdem gilt es, Assets im Metaverse sicher erwerbbar zu machen, zu verwahren und diese auch für Bezahlzwecke zu nutzen.

Für Banken stellt sich also die Frage, welche **Prozesse von Bezahlung** über eine **verifizierte Identität** bis zur **Finanzierung** sie zukünftig als **Metaverse-Bank** ermöglichen möchten. Die **virtuelle Bankfiliale** und eine **virtuelle Beratung** wären eine neue Form der Interaktion mit den Kundinnen und Kunden. Hierdurch können vollständig integrierte, digitalen Erfahrung gewonnen werden, die die gesamte **Customer Journey** umfassen: angefangen bei der Identitätsprüfung über die Beratung, die digitale Besichtigung von Unternehmen (beim Aktienkauf) oder von Wohn- und Gewerbe-Immobilien über den Vertragsabschluss bis zur Bezahlung.

Im Bereich des **Asset-Managements** lassen sich Anlageprodukte für Metaverse-Assets vom digitalen Grundstück bis Kunstwerk entwickeln. Die Möglichkeiten sind zahlreich, und erste Banken prüfen dieses Feld bereits intensiv (vgl. Bitkom, 2022, S. 32).

> Food for Thought Wenn die **klassischen Banken** nicht frühzeitig in Beratungs- und Finanzierungslösungen im Metaverse einsteigen, dann werden die unverzichtbaren Bank-Dienstleistungen auch im Metaverse durch die heute schon dominierenden Tech-Konzerne *(Amazon, Google, Meta, Microsoft)* angeboten werden. Schließlich sind viele dieser Tech-Unternehmen schon heute in den digitalen Kanälen marktdominant. Außerdem werden Start-ups in Gestalt von FinTechs und InsurTechs hier auf Goldsuche gehen…

3.5.2 Digitale Assets

Einen regelrechten Hype erleben momentan die **Non-Fungible Tokens (NFTs)**. Ein NFT ist ein nicht austauschbares digitales Objekt, gleichsam ein **Echtheitszertifikat für digitale Objekte**. „Non-Fungible" steht wörtlich für „nicht austauschbar". Der Kern eines NFTs ist ein geschützter Hinweis auf eine bestimmte digitale Ressource. Im Kunstmarkt werden momentan viele NFTs gehandelt. Hier sind es bspw. digitale Bilddateien, die als Einzelstücke gekennzeichnet sind und folglich als Unikate vermarktet werden können. Die Herstellung und der Handel von NFTs werden fälschungssicher in der Blockchain dokumentiert. Die Blockchain übernimmt hier die Aufgabe des aus der analogen Welt bekannten Grundbuchs, um eine digitale Urkunde zu bestätigen. Hierfür enthält der **Blockchain-Datensatz** für ein NFT einen Verweis, um welches Objekt es sich handelt. Dies kann eine Bild-Datei, aber auch eine Audio-Datei sein.

Das Ziel **digitaler Echtheitszertifikate** ist, Echtheit und Eigentum am Objekt digital nachzuweisen. Außerdem lassen sich so digitale und hybride Dienste in Anspruch nehmen. Das schafft einen Mehrwert für Herstellerinnen und Hersteller, Käuferinnen und Käufer sowie den Second-Hand-Markt. Beim Weiterverkauf überträgt die Verkäuferin oder der Verkäufer auch den NFT. Der NFT dient gleichzeitig als Eintrittskarte für digitale und hybride Zusatzangebote, die sowohl im Web 2.0 wie auch im Web 3.0 realisiert werden können. Er dient auch als Ausweis im Profil der Nutzerin oder des Nutzers, mit dem im Metaverse eine digitale Version des Markenproduktes genutzt und öffentlich präsentiert werden kann (vgl. Bitkom, 2022, S. 44).

Schon heute stellt der Handel mit virtuellen Gütern, z. B. *Skins* in *Fortnite,* einen wichtigen Bestandteil im Geschäftsmodell virtueller Welten dar und wird vermutlich weiterwachsen. **NFTs** werden **Innovationstreiber für die Tausch- und Finanzökonomie** im Metaverse werden. Das liegt in der transparenten Nachverfolgbarkeit und der hohen Sicherheit als Kerneigenschaft begründet. Außerdem bieten NFTs vielfältige Möglichkeiten zur funktionalen Weiterentwicklung.

Unsicherheiten bestehen hier allerdings oft noch bzgl. der **Integrität der digitalen Ressource** und dem **Inhalt des Kaufs**. Wird bspw. ein Bild als solches erworben, oder nur (exklusive) Nutzungsrechte? Außerdem bedeutet der Fakt, dass eine Information unveränderbar ist und dezentral gespeichert wird ja nicht, dass die durch diese Informationen ausgedrückte Aussage auch zutrifft (vgl. Lennartz & Kraetzig, 2022, S. 18). Die **Verifizierung** des „Objekts der Begierde" vor einem Kauf ist damit ein wichtiges Erfolgskriterium.

Blockchain und **digitale Assets** sind wichtige **Enabler des Metaverse**. Schließlich ermöglichen erst sie die Schaffung einer **Metaverse-Ökonomie**. Dann erst können digitale Assets produziert, verkauft und besessen werden. Außerdem können erst dann Services im Metaverse bezahlt werden. Es sind gerade solche ökonomischen Anreize, die teilweise eine Goldgräber-Stimmung erzeugen und ein rasantes Wachstum des Metaverse fördern können (vgl. Bitkom, 2022, S. 18).

3.5.3 Digitale Währungen – Krypto-Währungen

Bei einer **digitalen Währung** oder **Krypto-Währung** handelt es sich um ein **digitales Zahlungsmittel** auf der Grundlage eines Blockchain-Systems. Guthaben wird in Form von Computercode zwischen Teilnehmenden übertragen und dokumentiert. Die bekannteste digitale Währung ist *Bitcoin*. Allerdings ist *Bitcoin* bei Weitem nicht die einzige Krypto-Währung: Ende 2022 gibt es über 10.000 handelbare Krypto-Währungen (vgl. finanzen.net, 2022). Für Anlegerinnen und Anleger glich die Kursentwicklung dieser Währungen in der Vergangenheit allerdings einer Berg- und Talfahrt – manche sprechen auch von einem Glücksspiel. Krypto-Währungen stehen wie das Metaverse noch am Anfang ihrer Entwicklung. In welche Richtung diese geht und welche Krypto-Währungen einmal den Weltmarkt dominieren werden, ist heute schwer vorherzusagen. Die *WirtschaftsWoche* versucht es trotzdem und identifiziert im Herbst 2022 die **Top-10 der Krypto-Währungen** nach ihrer jeweiligen Marktkapitalisierung (vgl. die folgende Übersicht; basierend auf Imöhl, 2022):

Die zehn größten Krypto-Währungen 2022 nach Marktkapitalisierung in US-Dollar
1. *Bitcoin:* 386,44 Mrd.
2. *Ethereum:* 169,03 Mrd.
3. *Tether:* 67,95 Mrd.
4. *USD Coin:* 49,27 Mrd.
5. *Binance Coin:* 45,93 Mrd.
6. *Ripple:* 23,86 Mrd.
7. *Binance USD:* 21,04 Mrd.
8. *Cardano:* 15,65 Mrd.
9. *Solana:* 12,26 Mrd.
10. *Dogecoin:* 8,28 Mrd.

Momentan bilden Krypto-Währungen bei Online-Zahlungsvorgängen noch die Ausnahme. Dementsprechend gibt es erst wenige Online-Portale und Online-Shops, die Krypto-Währungen als Zahlungsmethode akzeptieren. Auch offline akzeptieren bisher nur sehr wenige Geschäfte, Restaurants oder Museen Krypto-Währungen als alternatives Zahlungsmittel.

Die **Vorteile von Krypto-Währungen** sind, dass sie weltweit, pseudonym und ohne Vermittlungsinstanzen (Banken) eingesetzt werden können. Minutenschnell können auch große Summen weltweit transferiert werden. Ein – je nach Perspektive – **Nachteil von Krypto-Währungen** ist, dass diese Währungen keinerlei staatlicher Regulierung unterliegen. Dies kann zu diversen Problemen führen, etwa dem Ausschluss eigener Transaktionen aufgrund eines Mehrheitsentscheides von Minern. Unter Krypto-Mining ist das „Abschürfen" von Einheiten einer Krypto-Währung zu verstehen. Da diese digitalen Währungen nicht von Staaten oder Banken verwaltet und ausgegeben werden, benötigen sie sogenannte Krypto-Miner, die die gesamten Transaktionen aufzeichnen, verifizieren und verbuchen. Durch das aufwendige Miningverfahren zur Verwaltung der Blockchain sind Krypto-Währungen außerdem oft wenig effizient (vgl. BSI, 2022). Außerdem sind sowohl Krypto-Mining wie auch alle Transaktionen in der Blockchain mit einem sehr hohen Energieverbrauch verbunden.

> **Food for Thought**
>
> Die Entwicklung von Krypto-Währungen wurde ursprünglich – auch – mit dem Ziel vorangetrieben, die Macht der Zentralbanken durch eine dezentral verwaltete Alternative zu brechen. Allerdings zeigt sich inzwischen: Auch die Krypto-Welt ist eine Finanzbranche, in der mit harten Bandagen gekämpft wird. Bisher ist es nicht wirklich gelungen, eine überzeugende neue, demokratische Welt des Geldes zu erschaffen. Auch bei Krypto-Währungen geht es vor allem ums Geldverdienen – und um Macht.
> Die Verbesserung der Welt kann dann noch etwas warten!

3.5.4 Crypto Wallets

Crypto Wallets dienen dazu, private Schlüssel sicher aufzubewahren, also bspw. die Passwörter für den Zugriff auf digitale Währungen wie *Bitcoin* oder *Ethereum*. Diese Wallets können entweder physisch (sog. **Hardware-Wallets**) oder als **mobile App** ausgestaltet sein. Mit den Wallets kann die Währung für Transaktionen eingesetzt werden.

Im Gegensatz zu einer normalen Brieftasche, in der tatsächliches Geld aufbewahrt wird, enthalten Crypto Wallets technisch gesehen kein Vermögen. Dieses steckt in der Blockchain, und für den Zugriff ist ein privater Schlüssel nötig. Dieser Schlüssel dient als **Eigentumsnachweis** an diesem Geld. Verliert man den Schlüssel, verliert man auch den Zugang zum Vermögen.

Die Bandbreite der Crypto Wallets reicht von einfach zu bedienenden Apps bis hin zu komplexeren Sicherheitslösungen. Hier werden die wichtigsten **Arten von Crypto Wallets** vorgestellt (vgl. coinbase, 2022):

- **Paper Wallets**
  Die Schlüssel werden bei Paper Wallets auf ein **physisches Trägermedium** (etwa ein Stück Papier) geschrieben und an einem sicheren Ort aufbewahrt. Dies erschwert allerdings die Nutzung des Krypto-Vermögens. Schließlich kann digitales Geld nur im Internet verwendet werden. Hier kommt es folglich zu einem Medienbruch (analog und online).

- **Hardware Wallets**
  Die Schlüssel werden bei Hardware Wallets auf einem **portablen Gerät** in Form eines USB-Sticks gespeichert. Dieses ist an einem sicheren Ort aufzubewahren. Es wird nur dann an den Computer angeschlossen, wenn die Krypto-Währung verwendet wird. Der Grundgedanke hierbei ist, einen Kompromiss zwischen Sicherheit und Bequemlichkeit zu finden.
- **Online Wallets**
  Bei Online Wallets werden die Schlüssel in einer **App** oder einer anderen **Software** gespeichert. Empfehlenswert ist die Nutzung eines Programms, das per Zwei-Faktor-Verschlüsselung geschützt ist. Mit einer Online-Wallet ist das Senden, Empfangen und Verwenden der Krypto-Währung so einfach wie die Nutzung eines beliebigen Online-Bankkontos, eines Zahlungssystems oder eines Brokers.

Das *Bundesamt für Sicherheit in der Informationstechnik (BSI)* empfiehlt, mehrere Sicherheitskopien der Wallet anzulegen. Schließlich können PCs und Smartphones gestohlen werden oder einen technischen Defekt aufweisen – und dann wäre das Krypto-Vermögen verloren. Backups sollten sicher verwahrt und mit einem kryptografischen Zugriffsschutz versehen werden (vgl. BSI, 2022).

3.5.5 Digitale Marktplätze

Ähnlich wie die E-Commerce-Plattformen im Internet werden sich auch im Metaverse **digitale Marktplätze** etablieren, um Angebot und Nachfrage zusammenzubringen. Erste Ausprägungen lassen sich bei den bereits existierenden Proto-Metaverse-Anwendungen beobachten: *Decentraland, Fortnite, Roblox, The Sandbox* und Co. haben eigene Währungen entwickelt, die die Nutzenden entweder erwerben oder verdienen können. Es geht also darum, dass nicht nur die Plattform-Anbieter Transaktionen generieren, sondern auch die Menschen, die diese Plattformen nutzen.

Da **digitale Assets** eine **Kernkomponente der Monetarisierung** sind, ist der Zugang zu ihnen von zentraler Bedeutung für das künftige Metaverse-Design. Creators können neue digitale Assets auf jeder beliebigen Blockchain veröffentlichen. Außerdem können diese Assets über die Metaverse-Marktplätze vertreiben – mit deutlich niedrigeren Gebühren als noch im Web 2.0. Darüber hinaus ermöglichen die Crypto Wallets den Nutzenden den Zugriff auf ihr digitales Eigentum, indem sie sich mit jeder Metaverse-Welt verbinden. Zu den digitalen Vermögenswerten in solchen Wallets können Krypto-Währungen, digitale Aktien oder NFTs in Form von *Skins,* Tools und virtuellen Immobilien gehören. Die Vermögenswerte werden in der Regel auf der gleichen Blockchain wie die Metaverse-Welt ausgegeben (etwa *Ethereum*). Sie können aber auch zwischen verschiedenen Metaverse-Welten übertragen werden (vgl. Elmasry et al., 2022, S. 26).

Ein großer Unterschied zu den heute bekannten E-Commerce-Plattformen im Internet liegt tatsächlich in dieser großen Bedeutung digitaler Assets. Was passiert bspw., wenn jemand auf dem digitalen Grundstück des CEOs von *Apple* ein *Samsung*-Plakat aufhängt? Welche Gesetze gelten in der virtuellen Welt? Und wer setzt diese durch? Mit diesen Fragen befasst sich der nächste Abschnitt.

Fragen, die Sie sich stellen sollten

- Welche Position können wir bei der Monetarisierung des Metaverse einnehmen – die Nutzungs- oder die Enablerposition?
- Aus der **Nutzungsperspektive** stellen sich die folgenden Fragen:
  - Welche Formen der Monetarisierung bieten sich bei unserem bestehenden Leistungsangebot an?
  - Welche neuen Formen der Monetarisierung eröffnen sich durch das Metaverse für unser Unternehmen?
  - Auf welchen Plattformen lohnt es sich für unser Unternehmen, selbst aktiv zu werden?
  - Welche digitalen Währungen bieten sich für unsere Use Cases an?
- Aus der **Enablerperspektive** stellen sich die folgenden Fragen:
  - Welche Formen der Monetarisierung können wir durch unser Leistungsangebot unterstützen?
  - Können wir Payment-Lösungen (mit)entwickeln?

- Können wir bei der Entwicklung, der Vermarktung, der Verwaltung und/oder der Dokumentation von digitalen Assets im Metaverse überzeugende Lösungen anbieten?
- In welcher Form können wir die Nutzung von Crypto Wallets und digitalen Währungen unterstützen?
- Lohnt sich für unser Unternehmen die Entwicklung von und/oder Mitwirkung an digitalen Marktplätzen?
• An welcher Stelle wird in unserem Unternehmen über diese Fragen diskutiert?

3.6 Regulierung im Metaverse

Als sich das Internet entwickelte, geschah dies mit einem solchen Tempo, dass die Legislative nicht hinterherkam: Wir erlebten in den ersten Jahren einen regelrechten Wildwuchs mit vielen Grauzonen. Auch bei der Entwicklung des Metaverse werden Situationen, Anwendungen und Technologien entstehen, die eine Regulierung erforderlich machen.

3.6.1 Identitätsmanagement

Die in Kap. 1 beschriebene Interoperabilität des Metaverse erfordert eine überprüfbare **digitale Identität,** analog zu unseren physischen Pässen. Menschen, Organisationen oder Objekte werden hierdurch anhand digitaler Attribute repräsentiert. Das sind in Bezug auf Menschen meistens Kombinationen aus Benutzernamen und Passwörtern. Etwas komplexer sind digitale Signaturen und Zertifikate, weil diese mit Bezug auf bestimmte Instanzen auch die Überprüfung von bislang unbekannten digitalen Identitäten zulassen.

Für ein **digitales Identitätsmanagement** sind drei Aspekte erfolgskritisch (vgl. Preikschat, 2020):

1. **Verlässliche Verknüpfung von Entität und digitaler Identität**
   Es muss sichergestellt werden, dass Entität und digitale Identität unzweifelhaft miteinander verknüpft sind. Das kann durch eine ver-

trauenswürdige Instanz geschehen. Die Schwierigkeit liegt darin, dass bei der absehbaren Zunahme von vernetzbarer Hardware und der damit steigenden Nachfrage nach digitalen Identitäten eine solche Vertrauensinstanz rasch zum Flaschenhals werden kann.
2. **Schutz vor Missbrauch durch Dritte**
Bei digitalen Identitäten besteht grundsätzlich die Gefahr, dass Dritte sich diese missbräuchlich aneignen und nutzen. Insofern gilt es, den Schutz digitaler Identitäten kontinuierlich auszubauen. Das bezieht sich zum einem auf die Speicherorte, die gegen Angriffe geschützt werden müssen. Das betrifft aber auch die Authentifizierungsverfahren, um einen sicheren Einsatz der Identitäten zu gewährleisten.
3. **Nachvollziehbarkeit der Daten**
Digitale Identitäten können auch dafür genutzt werden, Daten über den Lebenszyklus eines Devices hinweg zu sammeln. Wichtig ist hierbei, dass die Interaktionspartner die Herkunft und Echtheit der außerhalb des Devices abgelegten Daten nachvollziehen können.

In diesem Zusammenhang muss auch die Gefahr durch **digitalen Identitätsdiebstahl (Digital Identity Theft, DIT)** berücksichtigt werden. Digitaler Identitätsdiebstahl umfasst zum einen den Missbrauch von Zugangsdaten wie Nutzername und Passwort, zum anderen aber auch Kreditkartennummern, Adressen oder Fotos. Mittlerweile gibt es Anwendungen auf Basis der Künstlichen Intelligenz, die aus solchen Fotos auch Videos generieren, die frei gestaltet werden können. Hierbei wird von **Deep Fakes** gesprochen. Solange solche Videos von den echten Personen generiert und veröffentlicht werden, ist das kein Problem. Allerdings gibt es auch Menschen mit bösen Absichten, die sich diese Technologie zunutze machen können. Da sich im Internet von fast allen Menschen, ob berühmt oder nicht, Bilder finden, ist es also möglich, mit der entsprechenden Software aus diesen Bildern **Fake Videos** zu generieren. Hier sind technische und regulatorische Lösungen notwendig, um diese Deep Fakes zu erkennen und deren Entwickler und Nutzer zu sanktionieren.

3.6.2 Cybersecurity

Ein besonderes Augenmerk ist beim Metaverse auf die **Cybersecurity** zu legen. Das **sichere Management der Plattformen** schließt auch den Schutz der im Metaverse generierten Inhalte ein. Schließlich können im Metaverse Käufe und Verkäufe getätigt und virtuelle Objekte (gegen echtes Geld) erworben werden. Zusätzlich können auch eigene Inhalte generiert werden, die nur in der digitalen Welt existieren. All das muss geschützt werden.

Ein besonderer Schwerpunkt ist auch auf den **Schutz der personenbezogenen Daten** zu legen, die durch ein Agieren im Metaverse gewonnen werden. Je weitgehender die Nutzenden ihr Leben ins Metaverse verlagern, desto transparenter werden sie – und desto höher ist die Gefahr von manipulativen Einflussnahmen (vgl. Kreutzer, 2020). Hierbei stellen sich wichtige Fragen:

- Welches Unternehmen kann hier zu welchen Zwecken auf welche Daten zugreifen?
- Welche Permissions werden dazu von wem, wann und mit welchem Zweck erhoben?

> **Food for Thought**
> So umfassend, wie das Metaverse selbst zu denken ist, so umfassend sind auch die **Anforderungen an die Cybersecurity** zu formulieren. Schließlich bietet jede **Einflugschneise zum Metaverse** auch ein **Einfallstor für Cybercrime**.

Besonders bei sensiblen persönlichen Daten, wie sie im Gesundheitswesen erfasst werden, kann ein unerlaubter Datenzugriff fatale Folgen haben. Die IT-Systeme von medizinischen Praxen oder Kliniken bieten eine solche Einflugschneise, über die Daten in MRTs, Röntgenaufnahmen und CT-Scans manipuliert werden können. Angreifer können Systeme mit veralteten Sicherheitsvorkehrungen leicht überwinden, um bspw. Tumore auf Bildern zu entfernen. Mögliche Folgen solcher

Angriffe sind Fehldiagnosen, die entweder zu unterlassenen oder unnötigen Behandlungen führen (vgl. Kalis et al., 2022, S. 34). Um solche Angriffe zu vermeiden, werden in medizinischen Einrichtungen häufig noch Faxgeräte genutzt, um medizinische Befunde zu übermitteln.

Ein weiteres Risiko ist die Verbreitung von **Fake News** über das Metaverse. Dieses Phänomen kennen wir bereits aus den sozialen Medien. Das *Center for Informed Democracy and Cybersecurity* der *Carnegie Mellon University* fand heraus, dass Bots 45 bis 60 % der *Twitter*-Konten ausmachen, die über COVID-19 diskutieren. Viele dieser Konten, die zu Beginn der Pandemie eingerichtet wurden, verbreiten medizinische Fehlinformationen, falsche medizinische Ratschläge und fördern Verschwörungstheorien über den Ursprung des Virus (vgl. Alvino Young, 2020).

Ein Charakteristikum des Metaverse ist die Immersion (vgl. Kap. 1), also das Eintauchen in eine virtuelle Welt. Das bedeutet, dass das Bewusstsein der Nutzenden gegenüber der realen Umgebung in den Hintergrund tritt und die erlebten virtuellen Zusammenhänge situativ als real empfunden werden. Vor diesem Hintergrund wird die Gefahr, die von Fake News ausgeht, im Metaverse eher zunehmen.

Um diese Beeinflussung durch Fehlinformationen sowie eine übermäßige Nutzung der zu erwartenden Funktionen des Metaverse zu vermeiden, müssen alle Nutzenden über eine umfassende **Medienkompetenz** verfügen. Welche Felder die Medienkompetenz umfasst, zeigt Abb. 3.12 (vgl. vertiefend Kreutzer, 2020, S. 128–168).

> **Food for Thought**
>
> Für ein **professionelles Agieren im Metaverse** ist es unverzichtbar, dass die Nutzenden über ein hohes Maß an Medienkompetenz verfügen – um mit Inhalten und dem zeitlichen Engagement verantwortlich umzugehen.
>
> Allerdings stimmt der bisherige Umgang breiter Nutzerkreise mit den sozialen Medien nicht unbedingt hoffnungsfroh. Bereits beim Umgang mit diesen Medien wurde das Fehlen von Medienkompetenz sichtbar, weil zu viele Menschen häufig zu lange in diesen Medien unterwegs sind und

> die dort vorzufindenden Informationen keiner Qualitätsprüfung unterziehen. Die umfassende Verbreitung von Verschwörungstheorien und Fake News sowie das Phänomen von Social-Media-Burnout sprechen hier eine deutliche Sprache. Es ist nicht zu erwarten, dass bei der Nutzung des Metaverse mit einer höheren Medienkompetenz zu rechnen wäre.

3.6.3 Datenschutz

Die Immersion, die vor allem durch VR-Devices erfolgen kann, ist ein zentrales Charakteristikum des Metaverse. Die neuen VR-Devices wie die *Meta Quest Pro* funktionieren jedoch in beide Richtungen:

- VR-Devices stellten den Nutzenden nicht nur Inhalte bereit.
- VR-Devices gewinnen durch die integrierten Sensoren und Kameras laufend auch Informationen über den Menschen, der sie trägt. Dazu zählen körperliche Aktionen und Reaktionen wie Gestik und Mimik.

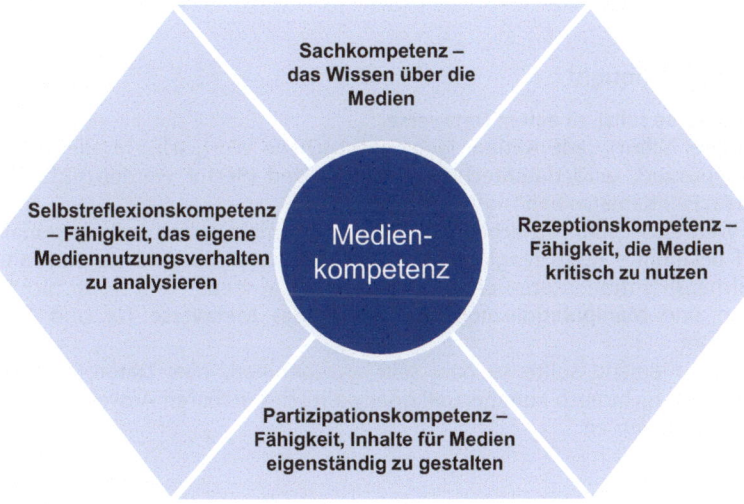

Abb. 3.12 Handlungsfelder der Medienkompetenz

Bei der Generierung von Daten über den Nutzenden stellt sich die Frage, ob diese Aktionen als **personenbezogene Daten im Sinne der Datenschutz-Grundverordnung (DSGVO)** anzusehen sind.

Ausgehend von der Definition in Art. 4 Nr. 1 DSGVO sind **personenbezogene Daten** alle Informationen, die sich auf eine identifizierte oder identifizierbare natürliche Person beziehen. Beispielhaft nennt das Gesetz u. a. „mehrere besondere Merkmale, die Ausdruck der physischen, physiologischen, genetischen, psychischen, […] Identität" der natürlichen Person sind. Da Mimik, Gestik und Körpersprache sichtbare Bewegungen des Körpers sind, fallen diese Merkmale unter den physischen Ausdruck. Diese körperlichen Ausdrücke können in der Regel einer natürlichen Person zugeordnet werden, sodass es sich um personenbezogene Daten im Sinne der DSGVO handelt. Damit kämen die Regelungen der DSGVO zur Anwendung (vgl. Schürmann et al., 2022).

Diese Tatsache wird insbesondere dann bedeutsam, wenn die über VR-Devices erhobenen Daten dazu genutzt werden, ein Targeting auf Basis der aktuellen Gefühlslage der Menschen zu verfolgen. Außerdem stellt sich die große Frage, in welche Länder diese Informationen abfließen und welchen Verwendungszwecken diese zugeführt werden.

> **Food for Thought**
>
> **Metaverse führt zu einem Dataverse.**
> Jeder Schritt, jede Aktion, jedes gesprochene Wort, schlicht alles, was dort passiert, wird datentechnisch erfasst. Und hierfür werden nicht in jedem Fall Kameras benötigt!
> Wenn über identifizierbare Personen bekannt ist, wie diese emotional auf bestimmte Reize reagieren, wofür sie sich wann wie lange und mit welcher Intention interessieren, wofür sie Geld ausgeben und wofür nicht, dann sind **Manipulationsmöglichen durch das Metaverse** Tür und Tor geöffnet.
> Und niemand sollte so naiv sein anzunehmen, dass Daten, einmal generiert, nicht auch kommerziell oder politisch nutzbaren Anwendungen zugeführt werden.

3.6.4 Regeln und Vollstreckungsmechanismen

Werden die **Betreiber von Metaverse-Plattformen** noch weiter an kaum zu kontrollierender Macht und zusätzlichem Einfluss gewinnen? Wie heute schon *Apple, Meta, Google, Microsoft* & Co.? Werden solche Tech-Unternehmen aufgrund eines Agierens frei von physischen Grenzen vielleicht wichtiger als Staaten und Regierungen? Kommt es auch hier zu einer **Privatisierung des Rechts** (vgl. Westphalen, 2020, S. 15)? Dieses Phänomen beherrscht nicht nur die großen **Social-Media-Plattformen** (u. a. *Facebook, Instagram, TikTok, WhatsApp*), sondern auch die **Transaktionsplattformen** von *Amazon, Apple* und *Google*.

Eine Privatisierung des Rechts kommt dadurch zustande, dass die Regeln, wie diese Plattformen zu nutzen sind, weitgehend eigenständig von den Plattformbetreibern definiert werden. Aufgrund der **Vertragsfreiheit** der Plattformbetreiber können diese die Geschäftsprozesse und die Geschäftsbedingungen so gestalten, wie es für ihre eigene Gewinnerzielung am besten passt. Dies gilt bspw. im Hinblick auf die Nutzung der persönlichen Daten (vgl. Kreutzer, 2021a, S. 288 f.).

Die **Marktmacht der Ökosystem- und Plattformbetreiber** zwingt die Nutzenden heute schon – täglich –, die jeweils aktuellen Geschäftsbedingungen zu akzeptieren. In den meisten Fällen erfolgt dies, ohne sie gelesen zu haben. Denn auch hier gilt das **TINA-Prinzip:** There is no Alternative. Die Ursache liegt in den **asymmetrischen Machtverhältnissen** zwischen den Plattformbetreibern und den Nutzenden: Schließlich verfügen die Unternehmen schlicht über die größere Verhandlungsmacht. Die Nutzenden müssen sich diesen Regeln fügen, wenn sie nicht auf die Funktionen der Plattformen verzichten möchten.

Die *Europäische Kommission* befasst sich daher nach der Verabschiedung des Digital Markets Act (DMA) und des Digital Services Act (DSA) jetzt mit dem Thema Metaverse. Ziel soll es sein, dass sich Menschen im Metaverse so sicher fühlen wie in der Realität. Dazu müssten die Metaverse-Welten nach **europäischen Werten** gestaltet werden. Aber vor allem ist zu vermeiden, dass ein einzelner privater Akteur den Zugang kontrollieren kann (vgl. Europäische Kommission, 2022).

> **Fragen, die Sie sich stellen sollten**
>
> - Welche Position können wir bei der Regulierung des Metaverse einnehmen – die Nutzungs- oder die Enablerposition?
> - Aus der **Nutzungsperspektive** stellen sich die folgenden Fragen:
>   - Auf welche Konzepte zur Sicherung der Identität der Nutzenden sollen wir setzen?
>   - Wie können wir für unsere Nutzenden eine Cybersecurity auch im Metaverse garantieren?
>   - Wie wollen wir mit den personenbezogenen und Nutzungsdaten umgehen, damit die Anforderungen der Datenschutz-Grundverordnung beachtet werden?
>   - Welche Regeln wollen wir für das Metaverse (mit)entwickeln?
> - Aus der **Enablerperspektive** stellen sich die folgenden Fragen:
>   - Können wir Konzepte zum Identitätsmanagement entwickeln?
>   - Welche Lösungen speziell für die Cybersecurity im Metaverse können wir entwickeln?
>   - Welche Konzepte können wir anbieten, um die Sicherstellung des Datenschutzes und eine verantwortungsvolle Datennutzung zu gewährleisten?
>   - Können wir unsere Kundinnen und Kunden bei der Entwicklung von Regeln für das Metaverse unterstützen?
> - An welcher Stelle wird in unserem Unternehmen über diese Fragen diskutiert?

Literatur

Abovitz, R., Banerjee, S., Gilliland, G., Liu, C., Sackey, E., Timashkov, A., & Trollinger, R. (2022). How the metaverse will remake your strategy. BCG. Whitepaper. https://mkt-bcg-com-public-pdfs.s3.amazonaws.com/prod/impact-of-metaverse-on-business.pdf. Zugegriffen: 30. Sept. 2022.

Actronika. (2023). Feel and interact, like never before. https://www.skinetic.actronika.com/. Zugegriffen: 2. Febr. 2023.

Alvino Young, V. (2020). Nearly half of the Twitter accounts discussing 'Reopening America' may be bots. https://www.cmu.edu/news/stories/archives/2020/may/twitter-bot-campaign.html. Zugegriffen: 7. Okt. 2022.

BaFin. (2017). Blockchain-Technologie. https://www.bafin.de/DE/Aufsicht/FinTech/Blockchain/blockchain_artikel.html. Zugegriffen: 1. Sept. 2022.

Ball, M. (2021). Framework for the metaverse. https://www.matthewball.vc/all/forwardtotheMetaverseprimer. Zugegriffen: 9. Febr. 2022.

Ball, M. (2022). *The metaverse: And how it will revolutionize everything*. Liveright Publishing Corporation.

Barinka, A. (2022). Meta wants you to work in virtual reality. Here's what that's like. https://www.bloomberg.com/news/articles/2022-10-11/meta-wants-you-to-work-in-virtual-reality-here-s-what-that-s-like. Zugegriffen: 14. Okt. 2022.

Bitkom. (Hrsg.). (2020). Lernen in immersiven Welten. Impulspapier. Bitkom e. V. https://www.bitkom.org/Bitkom/Publikationen/Lernen-in-immersiven-Welten#:~:text=Das%20Lernen%20in%20solch%20immersiven,einen%20Mehrwert%20f%C3%BCr%20den%20Lernenden. Zugegriffen: 7. Dez. 2022.

Bitkom. (Hrsg.). (2022). Wegweiser in das Metaverse. Technologische und rechtliche Grundlagen, geschäftliche Potenziale, gesellschaftliche Bedeutung. Bitkom e. V. https://www.bitkom.org/sites/main/files/2022-07/220714_LF_Metaverse.pdf. Zugegriffen: 7. Dez. 2022.

Bobier, J. F., Merey, T., Robnett, S., Grebe, M., Feng, J., Rehberg, B., Woolsey, K., & Hazan, J. (2022). The corporate Hitchhiker's guide to the metaverse. Whitepaper. BCG. https://www.bcg.com/de-de/publications/2022/a-corporate-guide-to-enter-the-metaverse-explained. Zugegriffen 30. Aug. 2022.

Bottler, S. (2022). Auto Motive im Metaverse, Werben und Verkaufen. https://www.wuv.de/Themen/Markenstrategie/Audi-Vorsprung-durch-VR-Technik. Zugegriffen: 13. Okt. 2022.

BSI. (2022). Blockchain macht Daten praktisch unveränderbar. https://www.bsi.bund.de/DE/Themen/Verbraucherinnen-und-Verbraucher/Informationen-und-Empfehlungen/Technologien_sicher_gestalten/Blockchain-Kryptowaehrung/blockchain-kryptowaehrung_node.html. Zugegriffen: 14. Okt. 2022.

Chen, L., Yi, J., Li, S., & Tong, T. W. (2022). Platform governance design in platform ecosystems: Implications for complementors' multihoming decision. *Journal of Management, 48*(3), 630–656.

Coinbase. (2022). Was ist eine Krypto-Wallet? https://www.coinbase.com/de/learn/crypto-basics/what-is-a-crypto-wallet#:~:text=InProzent20KryptoProzent2DWalletsProzent20bewahrenProzent20Sie,EthereumProzent20versendenProzent2CProzent20empfangenProzent20undProzent20ausgeben. Zugegriffen: 14. Okt. 2022.

Connected Reality. (2018). Uni credit art experience in virtual reality. https://connected-reality.com/unicredit-2/. Zugegriffen: 2. Okt. 2022.

Ebert, F., Grewe, H., & Spachmann, K. (2022). Metaverse oder Metacurse? Whitepaper. Liganova.
EHI. (2022). Metaverse im Handel. https://www.ehi.org/produkt/whitepaper-metaverse-im-handel/. Zugegriffen: 11. Nov. 2022.
Elmasry, T., Hazan, E., Khan, H., Kelly, G., Srivastava, S., Yee, L., & Zemmel, R. W. (2022). Value creation in the metaverse, the real business of the virtual world. Whitepaper. McKinsey. https://www.mckinsey.com/capabilities/growth-marketing-and-sales/our-insights/value-creation-in-the-metaverse. Zugegriffen: 30. Aug. 2022.
Europäische Kommission. (2022). People, technologies & infrastructure – Europe's plan to thrive in the metaverse. Blog of Commissioner Thierry Breton. https://ec.europa.eu/commission/presscorner/detail/de/STATEMENT_22_5525. Zugegriffen: 16. Okt. 2022.
finanzen.net. (2022). Welche Kryptowährung kaufen? https://www.finanzen.net/ratgeber/kryptowaehrung/kryptowaehrungen-vergleich. Zugegriffen: 14. Okt. 2022.
Forbes. (2022). 2022 Neil Trevett's Top Insights-Chair Metaverse Standards Forum, President The Khronos Group. https://www.forbes.com/sites/stephenibaraki/2022/07/22/2022-neil-trevetts-top-insights-chair-metaverse-standards-forum-president-the-khronos-group/?sh=fb71a6a26b19. Zugegriffen: 26. Sept. 2022.
Fotor. (2022). Free online avatar maker. https://www.fotor.com/avatar-maker/. Zugegriffen: 10. Nov. 2022.
Gupta, A. (2022). Was ist ein Metaverse? Gartner, Inc. https://www.gartner.de/de/artikel/was-ist-ein-metaverse. Zugegriffen: 28. Aug. 2022.
Hein, A., Schreieck, M., Riasanow, T., Setzke, D. S., Wiesche, M., Böhm, M., & Krcmar, H. (2020). Digital platform ecosystems. *Electronic Markets, 30*(1), 87–98.
Herbig, D. (2022). Meta Quest Pro: John Carmack kritisiert das VR-Headset. https://www.heise.de/news/Meta-Quest-Pro-John-Carmack-sieht-das-VR-Headset-kritisch-7307098.html. Zugegriffen: 14. Okt. 2022.
Horvath, M. (2018). Virtual-Reality-Brillen – Die neue Form des Gamings? https://blog.teufel.de/die-vr-brille-ein-neuer-trend-oder-die-zukunft/. Zugegriffen: 7. Okt. 2022.
Imöhl, S. (2022). Die zehn größten Kryptowährungen 2022 nach Marktkapitalisierung. https://www.wiwo.de/finanzen/boerse/bitcoin-ether-bnb-und-co-die-zehn-groessten-kryptowaehrungen-2022-nach-marktkapitalisierung/27456842.html. Zugegriffen: 14. Okt. 2022.

Kalis, B., McHugh, J., Safavi, K. T., & Truscott, A. (2022). Accenture digital health technology vision: Meet me in the metaverse. How the continuum of technology and experience is reshaping healthcare. Accenture. Whitepaper. https://www.accenture.com/_acnmedia/Thought-Leadership-Assets/PDF-5/Accenture-Meet-Me-in-the-Metaverse-Full-Report.pdf. Zugegriffen: 14. Okt. 2022.

Klaiber, H. (2022). Metaverse – Ein Albtraum für die Umwelt? https://www.absatzwirtschaft.de/metaverse-ein-albtraum-fuer-die-umwelt-234699/#:~:text=MetaverseProzent20benProzentC3ProzentB6tigtProzent20eineProzent201.000Prozent2DfacheProzent20SteigerungProzent20derProzent20Rechenleistung. Zugegriffen: 14. Okt. 2022.

Kreutzer, R. T. (2020). *Die digitale Verführung. Selbstbestimmt leben trotz Smartphone, Social Media & Co.* Springer Gabler.

Kreutzer, R. T. (2021a). *Praxisorientiertes Online-Marketing. Konzepte – Instrumente – Checklisten* (4. Aufl.). Springer Gabler.

Kreutzer, R. T. (2021b). *Toolbox für Digital Business.* Springer Gabler.

Kreutzer, R. T. (2023). *Der Weg zur nachhaltigen Unternehmensführung.* Springer Gabler.

Kreutzer, R. T., & Sirrenberg, M. (2019). *Künstliche Intelligenz verstehen. Grundlagen – Use-Cases – unternehmenseigene KI-Journey.* Springer Gabler.

Lennartz, J., & Kraetzig, V. (2022). Digitaler Wilder Westen. *Frankfurter Allgemeine Zeitung,* Februar 2022, S. 18.

Lukas, C. (2022). Senior Manager/Creative Director, phuturistic.studio @ PwC, Interview und Screenshots vom 20.07.2022.

Media.io. (2022). Create Avatar from Photo with Media.io 3D Avatar Maker. https://www.media.io/avatar-creator.html. Zugegriffen: 10. Nov. 2022.

Melnick, K. (2022). Nike partners with RTFKT to launch AR hoodies. https://vrscout.com/news/nike-partners-with-rtfkt-to-launch-ar-hoodies/. Zugegriffen: 7. Okt. 2022.

Meta. (2022). Das ist die Meta Quest Pro. https://www.meta.com/de/quest/quest-pro/. Zugegriffen 13. Okt. 2022.

Miao, F., Kozlenkova, I. V., Wang, H., Xie, T., & Palmatier, R. W. (2022). An emerging theory of avatar marketing. *Journal of Marketing, 86*(1), 67–90.

Minecraft. (2022). Frozen planet II: Frozen worlds. https://education.minecraft.net/de-de/lessons/frozen-planet-ii-frozen-worlds. Zugegriffen: 2. Okt. 2022.

MVFW. (2022). Metaverse fashion week: The next chapter of fashion. https://metaversefashionweek.com/. Zugegriffen: 7. Okt. 2022.

Newzoo. (2021). Intro to the metaverse. Newzoo Trend Report 2021. https://newzoo.com/insights/trend-reports/newzoo-intro-to-the-metaverse-report-2021-free-version. Zugegriffen: 28. Aug. 2022.

Ostler, C. (2022). CEO & Founder, Connected Reality, Interview und Screenshots vom 15.07.2022.

Preikschat, K. (2020). Blockchain: Identitätsmanagement in der digitalen Welt. https://www.it-daily.net/it-sicherheit/identity-access-management/blockchain-identitaetsmanagement-in-der-digitalen-welt. Zugegriffen: 13. Okt. 2022.

PwC. (2022a). Demystifying the metaverse. What business leaders need to know and do. https://www.pwc.com/us/en/tech-effect/emerging-tech/demystifying-the-metaverse.html. Zugegriffen: 28. Juli 2022.

PwC. (2022b). What does virtual reality and the metaverse mean for training? https://www.pwc.com/us/en/tech-effect/emerging-tech/virtual-reality-study.html. Zugegriffen: 16. Sept. 2022.

Rauschnabel, P. A. (2022). *Metaverse Marketing 2022. Ergebnisse einer Managerbefragung.* White Paper. München: Bundeswehr München.

Rauschnabel, P. A., Felix, R., Hinsch, C., Shahab, H., & Alt, F. (2022). What is XR? Towards a framework for augmented and virtual reality. *Computers in Human Behavior, 133,* 1–18.

Reismann, S. (2020). Was ist Raytracing? Alles Wichtige zur Grafikinnovation. https://www.netzpiloten.de/was-ist-raytracing/. Zugegriffen: 7. Okt. 2022.

Rehms, W., & Seyfried, M. L. (2022). Geschäftsführer, Drehbuch und Regie, ThirdXeye, Interview und Screenshots vom 15.07.2022.

Schürmann, K., Rosenthal, S., & Dreyer, A. (2022). Rechtsfragen im Metaverse – Eine neue virtuelle Welt aus Sicht des Datenschutzes. https://www.srd-rechtsanwaelte.de/blog/metaverse-datenschutz/?gclid=CjwKCAjw7p6aBhBiEiwA83fGuvR7HnCpAZRpeeXpmeRqNNhLbc5ZQi0mEyxgEPmXfqVWOy4vh2-jxoCZ_UQAvD_BwE. Zugegriffen: 13. Okt. 2022.

Teslasuit. (2022). A breakthrough in human performance training. https://teslasuit.io/. Zugegriffen: 13. Okt. 2022.

vr4kids. (2022). Wir freuen uns auf dieses neue Projekt mit Connected Reality! https://www.netzwerkinklusion.de/vr4kids. Zugegriffen: 2. Okt. 2022.

Westphalen, F. G. von (2020). Wie man sich gegen Digital-Giganten wehrt. *Frankfurter Allgemeine Zeitung,* Dezember 2020, S. 15.

WWF. (2022). #OceanDetox: Metaverse von WWF und Savespecies. https://www.wwf.de/2022/september/oceandetox-metaverse-von-wwf-und-savespecies. Zugegriffen: 11. Nov. 2022.

Zabel, C., Heisenberg, G., & O'Brien, D. (2022). Extended/Cross Reality (XR) in Deutschland 2022. Metaverse, digitale Ökosysteme & Entwicklung der XR-Branche, Studie der TH Köln im Auftrag des Mediennetzwerks NRW.

4

Wohin die Reise geht

Zusammenfassung Wie wird sich das Metaverse zukünftig entwickeln? Das wird nicht allein vom technisch Machbaren abhängen, sondern auch von den Aktivitäten und Ideen der First Mover. Wir werden zukünftig Inhalte und Use Cases sehen, die heute noch nicht vorstellbar sind. Dabei wird es spannend sein zu beobachten, ob die „Platzhirsche" der Unternehmen mit ihren enormen finanziellen Möglichkeiten das Rennen machen oder ob es, wie zu den Anfangszeiten des Internets, kleinere, disruptiv agierende Unternehmen sind, die am Ende die Nase vorn haben werden.

4.1 Ausblick

Im Jahr 2003 ging *Second Life* online. Manche Nutzende entwickelten Avatare und Unternehmen eröffneten Dependancen in dieser digitalen Welt. Allerdings wurden diese nach wenigen Jahren wieder geschlossen, weil sich zu wenige Menschen für dieses „zweite Leben" entschieden hatten. Heute stehen die Vorzeichen für einen Erfolg des Metaverse weitaus besser. Die **Digital Natives** stellen Jahr für Jahr einen größeren Anteil an der Gesellschaft. Diese Generation ist mit der digitalen Welt aufgewachsen und vielfach mit **AR-** und **VR-Anwendungen** vertraut – vor allem aus dem Gaming-Umfeld. Außerdem sind die heute hier eingesetzten **Technologien** sehr viel ausgereifter als noch vor 20 Jahren – und auch viel erschwinglicher. Mehrere Milliarden Menschen verfügen heute bereits über Geräte, die AR-Anwendungen unterstützen. Hier ist vor allem an Smartphones und Tablets zu denken. Diese Geräte stellen gleichsam eine **Brückentechnologie** dar, um ins Metaverse-Zeitalter einzusteigen. Zusätzlich verfügen Millionen von Personen bereits über eine VR-Brille, die weitere Anwendungen des Metaverse zu erschließen hilft.

Außerdem gilt: Die Menschen haben – coronabedingt – in den letzten zwei Jahren eine **Sprung-Digitalisierung** absolviert. Sie sind mit digitalen Meetings und Training-Sessions inzwischen so vertraut, dass kaum mehr Berührungsängste gegenüber vielen Online-Anwendungen bestehen. Diese mussten ganz einfach einsetzt werden, um auch in Lock-down-Phasen zu kommunizieren. Dieser Erfahrungshintergrund hilft beim Sprung ins Metaverse. Das Metaverse kann sogar helfen, die während dieser Sprung-Digitalisierung erlebten Nachteile eines virtuellen Lebens (Stichwort: **Zoom-Fatigue**) zu kompensieren. Vor allem virtuelle 3D-Welten mit ausgereiften Raumklang-Lösungen (Spatial Sound) führen zu einem hohen Level an erlebter sozialer Präsenz. Das wiederum kann die Interaktionen, die Leistung sowie die emotionalen Reaktionen positiv beeinflussen (vgl. Hennig-Thurau et al., 2022, S. 9).

Viele Unternehmen machen sich jetzt auf und setzen auf eine **Blue-Ocean-Strategie** – den Eintritt in einen Markt, dessen Spielregeln noch nicht definiert sind und wo sich bisher noch wenige Wettbewerber befinden. So grenzt sich der Blue Ocean vom **Red Ocean** ab, in dem viele Wettbewerber bzw. Haie unterwegs sind und ein umfassender (blutiger) Kampf ums Überleben geführt wird. Doch ein Risiko ist mit einer Blue-Ocean-Strategie immer verbunden: Vielleicht finden sich dort nur deshalb (noch) so wenige Unternehmen, weil es schlicht keinen attraktiven Markt zu erschließen gibt!

Deshalb ist es unverzichtbar, laufend einen Blick auf das Verhalten der Angebots- und der Nutzungsseite des Metaverse zu werfen. Beim **Monitoring der Angebotsseite im Metaverse** stellen sich hier folgende Fragen:

- Welche Unternehmen sind mit welchen Angeboten bereits ins Metaverse gestartet?
- Welche Ressourcen wurden dafür eingesetzt?
- Welche Ergebnisse wurden erzielt?
- Aus welchen Branchen kommen die Unternehmen, die im Metaverse besonders aktiv sind?
- Sind das Unternehmen der eigenen Branche oder Start-ups, die mit innovativen Konzepten nach vorne marschieren?
- Welche Inhalte werden im Metaverse verstärkt angeboten?
- Wie entwickelt sich die Infrastruktur des Metaverse weiter?
- Wo wurden bereits deutliche Fortschritte erzielt, in welchen Bereichen kommt das Metaverse eher nicht von der Stelle?
- Welche Technologien werden verstärkt für welche Use Cases eingesetzt?
- In welchem Umfang gelingt bereits eine Monetarisierung im Metaverse?
- Sind die Erfolge bei der Monetarisierung eher temporärer Natur oder stellen sich diese nachhaltig ein?
- Welche Konzepte bei der Monetarisierung werden sich durchsetzen?
- Welche Lücken bei Cybersecurity und Datenschutz sind noch zu füllen?
- Welche Regulierungen zeichnen sich ab?

Hier heißt die zentrale Frage:

> Wer in Ihrem Unternehmen beschäftigt sich mit diesem Monitoring der Angebotsseite?

Die Angebotsseite ist allerdings nur ein Teil des relevanten Metaverse-Marktes. Deshalb gilt es, parallel ein **Monitoring des Nutzungsverhaltens im Metaverse** zu etablieren. Hierzu sind u. a. die folgenden Fragen zu beantworten:

- Welche Angebote werden von welchen Personen mit welcher Zielsetzung zu welchen Zeiten mit welchen Ergebnissen angenommen?
- Wie lange verweilen welche Personen im Metaverse?
- Wird das Metaverse eher für berufliche Aufgaben oder zur Gestaltung der Freizeit, zur Weiterbildung und/oder zum Shoppen genutzt?
- Welche beruflichen Anwendungen erfreuen sich besonders großer Beliebtheit?
- Welche Angebote dominieren bei der Freizeitgestaltung?
- Welche Trends lassen sich bei beruflichen Aufgaben oder zur Gestaltung der Freizeit erkennen?
- Welche Trends dominieren in welchen Ländern?
- Wie werblich dürfen Unternehmen dort aktiv sein – was wird geschätzt, toleriert oder abgelehnt?
- Welche Shopping-Angebote werden besonders intensiv wahrgenommen?
- Wie viel Geld wird im Durchschnitt für welche Angebote ausgegeben?
- Welche Zahlungswege werden bevorzugt?
- Welches sind typische Einstiegs- und Ausstiegsszenarien im Metaverse?
- Bei welchen Anwendungen bzw. bei welchen Gelegenheiten steigen die Nutzenden aus?
- Wann können Erlaubnisse zur Datennutzung wirksam eingeholt werden?
- Welche Daten sind welche Gruppen von Nutzenden bereit, mit den Metaverse-Anbietern zu teilen?
- Welche Art von Kooperationen kommen im Metaverse gut bzw. schlecht an?

Und auch hier heißt die zentrale Frage:

4 Wohin die Reise geht

> Wer in Ihrem Unternehmen beschäftigt sich mit diesem Monitoring des Nutzungsverhaltens?

Für die weitere **Entwicklung des Metaverse** sind die Antworten auf die folgenden Fragen unverzichtbar:

- Für wie **relevant** halten Nutzerinnen und Nutzer die unterschiedlichen Handlungsfelder im Metaverse?
- Welchen **Mehrwert** werden Metaverse-Anwendungen gegenüber anderen Online-Plattformen (*Microsoft Teams, TriCat, Zoom* etc.) oder analogen Formaten generieren?
- Wie **einfach** wird das Leben im Metaverse zu meistern sein?
- Wollen wir vielleicht doch viel lieber mit **echten Menschen** zusammenkommen, statt die berufsbedingte Online-Zeit durch ein noch umfassenderes Agieren im digitalen Raum und mit künstlichen Erlebnissen zu verlängern – beruflich und privat?

Gerade der letzte Punkt ist nicht zu vernachlässigen. Das Metaverse wird von vielen Menschen als „künstlich" im Gegensatz zu „echt" wahrgenommen werden. Schließlich bringt das Metaverse unsere Gewohnheiten des Erlebens durcheinander. Einer Künstlichkeit haftet auch oft etwas Negatives an. Golf-Papez et al. (2022, S. 739) argumentieren, dass der **Erfolg der Entwicklung** und **Skalierung des Metaverse** als dynamisches neues Ökosystem weitgehend von den Antworten auf die folgenden Fragen abhängen:

- Wird das Metaverse mehrheitlich als eine **einheitliche und immersive Realität** verstanden?
- Werden die **Physical Customer Experience (PCX)** und die **Synthetic Customer Experience (SCX)** – also die **physischen und künstlichen Erlebnisse** – nahtlos ineinander übergehen?

Damit diese Verschmelzung funktioniert, sollten künstliche Elemente nicht als von Natur aus falsch oder negativ wahrgenommen werden. Unternehmen sollten im Gegenteil die künstlichen Erlebnisse

Strategie	Wertschöpfung durch	Beispielhafte Maßnahmen
Künstlichkeit nutzen	• Präzise Ausgestaltung der künstlichen Erlebnisse • Entdecken neuer Märkte und Angebot neuer Erlebnisse • Verbessertes Zielgruppenverständnis durch mehr verfügbare Daten	• Angebote, die sich bewusst im Grad der Realitätsabbildung und damit auch in der Preissetzung unterscheiden • Entwicklung von Produkten/Dienstleistungen, die eine ansprechende Synthetic Customer Experience bieten und nicht versuchen, eine Physical Customer Experience zu imitieren • Segmentierung der Zielgruppen auf der Grundlage ihrer Realitätspräferenzen • Entwicklung von Segmentierungsstrategien für nicht-menschliche Avatare • Erforschung neuer Geschäftsmodelle, die durch das dezentralisierte Metaverse ermöglicht werden (etwa das Play-to-Earn-Modell, bei dem die Teilnahme der Nutzenden mit NFTs oder Kryptowährungen belohnt wird) • Durchführung von Metnografie (Metaverse-Ethnografie) zum besseren Verständnis der Zielgruppenerwartungen, um Indikatoren/Metriken für die Qualität von Synthetic Customer Experience zu entwickeln (Ethnographie verbindet verschiedene, vornehmlich qualitative Forschungsmethoden, um Kulturen – hier im Sinne von Zielgruppen – möglichst gut zu verstehen) • Zielgruppenverständnis durch die Auswertungen von Spielen und Interaktionen zwischen Menschen und Marken-Avataren aufbauen
Künstlichkeit ausgleichen	• Management von falschen Erwartungen an und von Kundinnen und Kunden • Festlegung von Regeln innerhalb der Metaverse-Welten • Grenzen der Künstlichkeit erkennen	• Darstellung von Synthetic Customer Experience als eine neue Art von Erfahrung, die nicht „falsch" ist • Erfahrung physischer Empfindungen (bspw. Geruch oder Haptik) in der Werbung nicht überbetonen • Eindeutige Kennzeichnung, dass der Inhalt/das Erlebnis künstlich erzeugt oder verstärkt wurde • Grad der Künstlichkeit als Mittel zur Sicherstellung eines verantwortungsvollen Verhaltens nutzen (etwa weniger anschauliche Synthetic Customer Experience für Nutzende, die sich absichtlich falsch verhalten) • Nutzung multisensorischer Datenpunkte zur Bewertung des Verhaltens im System • Identifikation von Produkten/Kategorien, bei denen ein künstliches Erlebnis aufgrund negativer gesellschaftlicher Folgen nicht in vollem Umfang umgesetzt werden sollte
Überwindung technischer Herausforderungen	• Aufbau interoperabler Systeme • Unterstützung von Identitätsschutz und Integration • Aufbau von Vertrauen in das System	• Aufbau eines Metaverse-Marktplatzes, auf dem die Nutzenden sinnvoll mit ihren digitalen Assets handeln können • Verantwortungsvolles Management von personenbezogenen Daten • Bereitstellung klarer Indikatoren für die Vertrauenswürdigkeit eines bestimmten Ortes innerhalb des Metaverse • Entwicklung von Mechanismen, die den Menschen helfen, mit der physischen Realität in Kontakt zu bleiben

Abb. 4.1 Erfolgsfaktoren beim Einsatz künstlicher Erlebnisse. (Quelle: in Anlehnung an Golf-Papez et al., 2022, S. 745–747)

strategisch einsetzen und deren Vorteile für die Nutzenden deutlich herausstellen (vgl. Abb. 4.1).

Auch beim Metaverse liegt es in der Hand derjenigen, die die Technologie nutzen, ob sie den vorgezeichneten Weg in *Gartners Hype Cycle* bis zum „Plateau of Profitability" nehmen wird (vgl. Abschn. 2.1). Hilfreich sind die spannenden Ansatzpunkte, die das Metaverse bietet, um sowohl für Privatpersonen als auch Unternehmen relevant zu werden. Die lassen sich mit den folgenden Schlagworten charakterisieren:

- Umfassende Möglichkeiten für eine **Co-Creation**
- Einladung zur **Collaboration** – über Länder-, Zeit- und Kulturgrenzen hinweg

- Entwicklung von **Communities** zu allen Themenfeldern, die Menschen bewegen
- Ermöglichung von **Co-Ownership,** indem bspw. reale oder digitale Objekte – aufgeteilt in NFTs – mehreren Menschen gehören
- Unterstützung von **Co-Earning,** indem Leistungen im Metaverse vergütet werden

Wie könnte bzw. wie sollte ein Einstieg von Unternehmen ins Metaverse erfolgen? Die einfachste Vorgehensweise besteht darin, einen realen Use Case des eigenen Unternehmens in das Metaverse zu verlegen. Denn es geht nicht darum, einfach nur eine neue Technologie oder eine neue Plattform zu nutzen. Die Fragen sind immer die gleichen:

- **Kann unser Unternehmen durch den Einstieg ins Metaverse zusätzlichen Kundennutzen generieren?**
  Hierbei ist nicht nur an externe Kundinnen und Kunden zu denken. Gerade auch interne Zielgruppen können durch die Verlagerung von Meetings, Schulungen, Produktpräsentationen etc. ins Metaverse profitieren.
- **Kann unser Unternehmen durch den Einstieg ins Metaverse Prozesse beschleunigen und/oder Kosten einsparen?**
  Bei einem Denken und Handeln in Wertschöpfungsketten und Systemen von Wertschöpfungsketten ist jedes Unternehmen gut beraten, bei dieser Frage über die eigenen Unternehmensgrenzen hinaus zu denken (vgl. vertiefend Kreutzer, 2021, S. 250–255).

Wohin die Reise des Metaverse geht, ist heute noch unbekannt. Deshalb ist es empfehlenswert, die Entwicklung nicht anderen Marktteilnehmenden (allein) zu überlassen, sondern früh in die Mitgestaltung einzusteigen. Denn eines ist sicher:

> Metaverse steht für eine Collaborative und Creative Economy.

Hierdurch können sich die heutigen **D2C-Konzepte** (Direct-to-Customer) zu **D2C2B-Konzepten** weiterentwickeln. Dann heißt es: Direct-to-Customer-to-Business. Es kann eine neue Form der Interaktion entstehen. Hierbei kommunizieren Unternehmen und Marken im Metaverse nicht nur mit Avataren. Unternehmen können mit Avataren auch gemeinsam neue Lösungen entwickeln – unabhängig davon, in welcher Region der Welt die jeweiligen Kreativpartner physisch zu Hause sind.

> Im Metaverse ist vieles vorstellbar, was heute noch an den Grenzen der Physik scheitert.

Das Metaverse kann zu einer neuen Realität werden, die es jetzt und zukünftig gemeinsam mit dem Web 3.0 auszugestalten gilt.

4.2 Metaverse-Journey für das eigene Unternehmen

Damit in Ihrem Unternehmen der **Einstieg ins Metaverse** gelingt, sollten folgende Schritte eingeleitet werden:

- **Aufbau eines diversen Teams**
  Dieses Team soll sowohl junge als auch erfahrene Mitglieder aller Geschlechter mit unterschiedlichen Hintergründen aus allen Bereichen des Unternehmens zusammenbringen – aus Controlling, Marketing, Vertrieb, Produktion, Produktentwicklung, IT etc.
- **Einstieg in eine Learning Journey**
  Diese Learning Journey zielt zunächst einmal darauf, die wesentlichen Elemente, Gestaltungs- und Erfolgsfaktoren des Metaverse in der Tiefe zu verstehen.
- **Auslotung von Kundeninteressen**
  Gespickt mit diesem Hintergrundwissen gilt es, innerhalb und außerhalb des Unternehmens nach spannenden Use Cases für einen möglichen Metaverse-Einsatz zu suchen. Wo könnten AR-, VR-,

XR- oder umfassendere Metaverse-Anwendungen hilfreich sein? Das Augenmerk sollte sich hier gleichermaßen auf das Training, die Produktentwicklung und den Vertrieb richten – wie auch auf die Entwicklung ganz neuer Produkte und Dienstleistungen. Auch beim Einstieg ins Metaverse gilt:

- **Customers first – technology later!**
  Die Technologie soll und kann auch hier wiederum „nur" ein Enabler sein, um weiteren Nutzen für die Zielgruppe zu generieren. Deshalb sollte am Beginn eines möglichen Einstiegs ins Metaverse die Frage stehen, welcher (zusätzliche) Nutzen für Kundinnen und Kunden geschaffen werden kann, wenn sich ein Unternehmen im Metaverse bewegt. Die Zielgruppe einer solchen Lösung kann hier im Unternehmen selbst angesiedelt sein – oder klassisch außerhalb des eigenen Unternehmens.
- **Definition messbarer Ziele und wertschöpfungsorientierter Strategien**
  Auch für den Einstieg in das Metaverse sind messbare Ziele zu definieren, die von relevanten Use Cases ausgehen. Schließlich ist das Metaverse kein Selbstzweck, sondern sollte Wert schaffen – für externe und interne Zielgruppen sowie Unternehmen gleichermaßen. Diese Ziele sind durch wertschöpfungsorientierte Strategien zu implementieren.
- **Agiles Management von Metaverse-Anwendungen**
  Um schnelle Lernerfolge zu sichern und die Anwendungen konsequent an den Interessen der Nutzenden auszurichten, sollten Konzepte des agilen Managements eingesetzt werden. Die Leitidee lautet:
- **Fail fast!**
  Hierzu ist es wichtig, dass immer wieder Deliverables (i. S. v. auslieferbaren Ergebnissen) erzeugt werden, die den potenziellen Anwenderinnen und Anwendern präsentiert werden. Basierend auf deren Feedback sind die weiteren Entwicklungsschritte einzuleiten. Beim **agilen Vorgehen** heißt es immer wieder: Bauen, Messen, Lernen (vgl. zu den relevanten Methoden des agilen Managements Kreutzer, 2021, S. 494–502).

- **Fokus auf Skalierung**
  Die eingeleiteten Strategien sollten frühzeitig auf eine Skalierung des Einsatzes abzielen. Hierdurch können Insellösungen vermieden werden, die an Relevanz für das Geschäftsmodell und für das Unternehmen verlieren können.

Viele warten noch auf den **Sputnik-Moment für das Metaverse** bzw. den **iPhone-Moment für das Metaverse**. Hat es einen solchen eigentlich für das Internet gegeben? Hat jemand beim Aufkommen des Internets damit gerechnet, dass innerhalb weniger Jahrzehnte kaum noch jemand auf die tägliche Nutzung des Internets verzichten möchte?

Das Metaverse wird sich als Ergänzung zur realen Welt entwickeln. Hier wird es zunächst eher zu **inkrementellen Veränderungen** kommen, die immer neue Möglichkeiten erschließen. Eine **Soft Transition** wird erwartet – kein harter Umbruch. Wie schnell diese Transformation erfolgen wird, hängt vom Ideenreichtum der Unternehmen und dem Interesse der Zielgruppen ab.

> Food for Thought Es wurde immer wieder beobachtet:
> Managerinnen und Manager neigen dazu, die kurzfristigen Effekte neuer Entwicklungen zu überschätzen – und die langfristigen Auswirkungen zu unterschätzen. Das sollten wir vermeiden!

> **Fragen, die Sie sich stellen sollten**
> - Wie sieht in unserem Unternehmen die Metaverse-Journey aus?
> - Haben wir eine Vision unseres Unternehmens und/oder unserer Marken im Metaverse?
> - Verfügen wir über einen Fahrplan ins Metaverse – mit konkreten Zielorten (i. S. Milestones)?
> - Wurde bei uns ein Team etabliert, welches die Fahrgäste (interne und externe Zielgruppen) auf dem Weg ins Metaverse begleitet?
> - Sind wir für unsere Reise ausreichend budgetär aufgestellt?
> - Haben wir alle ein gleiches Verständnis davon, dass nicht alle im Metaverse angesteuerten Orte gleich zu ergiebigen Goldadern werden können?

- Brennt jemand bei uns im Unternehmen für das Thema Metaverse und möchte hier gerne die Position des Reiseführers übernehmen?
- Was wäre in unserem Unternehmen noch erforderlich, um über die Metaverse-Journey zu entscheiden?

4.3 Einschätzungen zum Metaverse aus verschiedenen Branchen

Expertinnen und Experten aus der Beratungsbranche, dem Dienstleistungssektor, aus den Bereichen Bildung, Gesundheit, Sport und dem öffentlichen Sektor teilen nachfolgend ihre Einschätzungen zum Thema Metaverse.

Dr. Saskia Appelhoff, Marketing Expert, Consultant & Board Member. (Foto: privat)

Das Metaverse ist ein Kontinuum, welches das Spektrum digital erweiterter Welten, Realitäten und Geschäftsmodelle umspannt. Es erstreckt sich über alle **Aspekte des Geschäftslebens,** vom Verbraucher bis zum Arbeitnehmer und über das gesamte Unternehmen von der Realität bis zur Virtualität und zurück. Das **Metaverse-Kontinuum** wird nachhaltig verändern, wie Unternehmen mit Kunden interagieren, welche Produkte und Dienstleistungen sie herstellen, anbieten und vertreiben. Führungskräfte müssen jetzt einen Schritt zurücktreten und grundlegend überlegen, wie sie ihr Geschäft im nächsten Jahrzehnt angehen wollen – welche Welten sie definieren und entwerfen.

Prof. Dr. Sabine Benoit, Professor of Marketing, Surrey Business School, University of Surrey and at the Australian National University, Australia. (Foto: Ken Benoit)

Technologietrends wie das Metaverse sind am Anfang etwas für **technologieaffine Nerds.** Geben Sie mal „Videotelefonie" in eine Suchmaschine ein und beschränken die Suche auf einen Zeitraum von vor 15 Jahren. Das *PC Magazin* schreibt im Jahr 2006: „Ein Telefonat könnte in Zukunft ganz schön anstrengend werden. Sie müssten sich vorher rasieren [und] Ihr Zimmer aufräumen." Die Metaverse-Nutzer und die Metaverse-Anwendungen von heute sind daher unerheblich, denn zunächst wird das Metaverse den Nerds gehören. Allerdings sind die Chancen einer immer realistischer werdenden virtuellen Realität immens, z. B. bei Messen, Job-Interviews, Hausbesichtigungen, Schulungen, Reisen, Meetings … Unsere heutigen *Teams-* oder *Zoom-*Meetings werden sich in 15 Jahren so anfühlen wie ein Telefon mit Wählscheibe.

4 Wohin die Reise geht

Yannic Klose, Sportwissenschaftler (B.A.) und Experte für inklusiven Sport. (Foto: privat)

Das Metaverse wird enormes **Potenzial zur Inklusion** bieten: Menschen mit körperlichen und/oder geistigen Beeinträchtigungen jeden Alters erhalten die Möglichkeit zur Teilhabe. Mithilfe von VR können Demenzkranke Stationen ihres Lebens wieder durchlaufen – ergänzt man die Experience mit Simulatoren, können sogar ehemalige Hobbys wie Auto- oder Motorradfahren neu erlebt werden. Für Menschen mit körperlichen oder geistigen Einschränkungen werden bisher undenkbare Aktivitäten möglich: Eine Stadt erkunden, einen Berg besteigen, ein Pony reiten – die Möglichkeiten sind fast unbegrenzt.

Dr. Ibrahim Köse, Senior Manager Brand and Marketing Services, DFB. (Foto: privat)

Roblox oder *Sandbox* – Hauptsache Metaverse;-). Sport ist eine der bedeutendsten Erlebniswelten für Konsumenten weltweit. Das **Sportbusiness** durchläuft seit einigen Jahren aufgrund zunehmender Digitalisierung der Fan-Experience sowie des rasanten Aufstiegs des **eSports** bedeutende Entwicklungen. Das Metaverse ist die nächste Evolutionsstufe am Schnittpunkt von Internet und Gaming – es wird die (physische) **Fan-Experience** nicht ersetzen, aber sinnvoll ergänzen können. Dabei geht es vor allem darum, mit den im Metaverse befindlichen Zielgruppen stärker zu interagieren und Affinitäten aufzubauen bzw. zu verstärken.

Carsten Lukas, Senior Manager/Creative Director, phuturistic.studio @ PwC Deutschland. (Foto: privat)

Letztendlich gilt für das Metaverse alles, was heutzutage auch im Internet gilt. Es gibt eine Infrastruktur mit unterschiedlichen Spots. Was die Menschen vorher in 2D gemacht haben, tun sie jetzt in 3D oder in der echten Welt und verknüpfen das dann miteinander. Diese neue Dimension ermöglicht **neue Dinge** und **neue Geschäftsmodelle.** Das ist jetzt einfach nur der nächste Schritt. Und es ist gar nicht so magisch und verrückt und komisch, wie sich das manche Leute denken.

Christoph Ostler, CEO & Founder, Connected Reality. (Foto: privat)

Das Metaverse ist am Ende des Tages eine **Vision.** Was letztendlich wirklich dabei herauskommt, ist höchstwahrscheinlich nicht das, was wir momentan bei einigen „hippen" Marken sehen, sondern es werden **eigene Welten** aufgebaut, die sich letztendlich erst einmal definieren und finden müssen. Und dafür muss vor allem die Technologie bereit sein, sodass wir in das Metaverse eintauchen, dort arbeiten, uns treffen und unsere Zeit dort verbringen können. Das ist Stand heute noch gar nicht gegeben.

Wilhelm Rehms, Geschäftsführer, ThirdXeye, eine Marke der Rehmbrand Medienservice GmbH. (Foto: privat)

Wir schaffen uns gerade eine **neue Höhle**[1], eine neue Umgebung, von der wir glauben, dass sie eine Wirklichkeit ist. Langfristig müssen wir also mit **mehreren Wirklichkeiten** umgehen. Das kann dazu führen, dass die Konzentration auf und Kommunikation in die Nähe abnehmen, während die Kommunikation in die Ferne zunimmt. Einen Weg zu finden, wie die Wirklichkeiten miteinander koexistieren können, wird unsere Herausforderung sein.

Prof. Dr. Eva Schuckmann, Professorin für Digitales Marketing, Ostbayerische Technische Hochschule Regensburg. (Foto: Jens Heilmann)

---

[1] Im Sinne des *Platonschen Höhlengleichnisses*, Anmerkung der Autorin.

Entscheidend ist, ob und wie es den Akteuren gelingen wird, einen **substanziellen und nachhaltigen Mehrwert** durch Applikationen und Geschäftsmodelle zu schaffen, an dem alle Beteiligten partizipieren werden. Reale Erlebnisse und Interaktionen werden unberührt davon stets ein Bedürfnis von Menschen bleiben – das **Zusammenspiel zwischen Immersion und realer Welt** ist die Herausforderung für diejenigen, die im Metaverse eine gestalterische Rolle bezüglich kreativer Ideen, Technologieentwicklung und verantwortungsvoller Umsetzung einnehmen. Besonders spannend hierbei werden auch die Schnittstellen zwischen Praxis, Forschung und Lehre sein zur Entwicklung von Konzepten, zum Transfer von Insights und zu einer zukunftsgerichteten Aus- und Weiterbildung.

Maik Schultze, OStR im Privatdienst (Englisch/Französisch), Nymphenburger Schulen München. (Foto: privat)

Im **schulischen Kontext** bietet das Metaverse eine Vielzahl von Anwendungsmöglichkeiten. Trotz einiger Fortschritte ist die schulische Arbeit in Deutschland noch immer stark von einem Denken in engen Fächergrenzen geprägt. Abstrakte Unterrichtsinhalte wie Grammatik oder Mathematik stoßen wegen ihrer Sperrigkeit oft auf wenig Motivation. Mithilfe von Virtual-Reality- und Metaverse-Anwendungen können wir den Schülerinnen und Schülern eine **ganzheitliche Lernumgebung** zur Verfügung stellen, die ihnen die Sachverhalte für alle Sinne begreifbar macht. Eine Exkursion in die

Akropolis der Antike oder in das London zu *Shakespeares* Zeiten werden plötzlich möglich. Das Sprachenlernen geschieht ganz nebenbei auf natürliche Weise. Durch die Immersion entsteht eine hohe Motivation bei den Schülerinnen und Schülern, denen ähnliche Welten durch die Beschäftigung mit Computerspielen bereits vertraut sind. Die **Nachhaltigkeit des Lernens** ist durch die unauslöschlichen Eindrücke dieser virtuellen Reisen gesichert.

Michael Ludwig Seyfried, Drehbuch und Regie, ThirdXeye, eine Marke der Rehmbrand Medienservice GmbH. (Foto: privat)

Das Metaverse ist noch nicht definiert, momentan ist es eine Begriffswolke aus verschiedenen Assoziationen. Es gibt eine **Realitätsveränderung** – und die Medien bleiben nicht, wie sie sind. Flache Bildschirme werden abgelöst, eine andere Ebene überzieht die Welt. Umso schwieriger wird das **Aufmerksamkeitsmanagement.** Wir beschäftigen uns mit der Zukunft des Medienverhaltens und sind unterwegs ins Metaverse.

Dr. Christian Stallkamp, Partner, MUUUH! Consulting. (Foto: privat)

Als Künstliche Intelligenz vor ein paar Jahren den Höhepunkt des Hypes erreicht hat, hat mal jemand gesagt, dass es sich damit verhält wie mit **Teenager-Sex:** Jeder spricht davon. Jeder denkt, der andere tut es. Keiner macht es wirklich. Mit dem Metaverse ist das heute noch ganz ähnlich! Ungeachtet dessen sind die Potenziale für **Customer Care** und **Customer Experience Management** groß. Das Metaverse wird sicher nicht nur als neuer „Kanal" neben Phone, E-Mail, Social Media, Messaging, Chat & Co. zu verstehen sein, sondern **Konvergenz-Effekte** mit diesen anderen Kanälen hervorbringen. Wir sollten also nicht einfach davon ausgehen, dass sich Kundeninteraktionsprozesse von heute ins Metaverse hineinverlagern, wir also aus Sicht einer Marke substituieren. Vielmehr ist mit ganz **neuen Use Cases und Customer Journeys** zu rechnen.

Dr. Frank Thomé, Hauptgeschäftsführer, IHK Saarland. (Foto: IHK Saarland/ Manuela Meyer)

Das Metaverse gewinnt als **Wirtschaftsfaktor** massiv an Bedeutung, auch wenn wir künftige Potenziale heute noch nicht ansatzweise erfassen können. Unternehmen auf allen **Wertschöpfungsstufen** sind gut beraten, sich schon jetzt systematisch mit den **Chancen für das eigene Geschäftsmodell** auseinanderzusetzen. Eine Zeitenwende auch für Transfer und Innovation(sförderung), da sich über anwendungsorientierte Wissenschaft und Forschung auch im Metaverse kreative Spielwiesen für die Unternehmen eröffnen. Extrem spannend, aber: Der Blick auf die maßgeblichen **Takt- und Kapitalgeber** zeigt, dass Deutschland nicht zuletzt aufgrund von **Datenschutzbedenken** und **Rechtssicherheitsfokus** auch in dieser neuen, virtuell erweiterten Welt wohl kein Vorreiter sein wird.

Literatur

Golf-Papez, M., Heller, J., Hilken, T., Chylinski, M., de Ruyter, K., Keeling, D. I., & Mahr, D. (2022). Embracing falsity through the metaverse: The case of synthetic customer experiences. *Business Horizons, 65*, 739–749.

Hennig-Thurau, T., Aliman, N., Herting, A., Cziehso, G., Kübler, R., & Linder, M. (2022). *The value of real-time multisensory social interactions in the virtual-reality metaverse: Framework, empirical probes, and research roadmap*. Working Paper Science #1, eXerimental Reality Lab. Münster: Marketing Center Münster.

Kreutzer, R. T. (2021). *Toolbox für Digital Business*. Springer Gabler.

Stichwortverzeichnis

A
Anprobe
 virtuelle 82
App-Tracking-Transparenz 89
AR (Augmented Reality) 99
Arbeiten im Metaverse 61
Artificial Intelligence 106
Asset-Management 113
Assets
 digitale, Verkauf 79
 digitale 47, 104, 113
Assisted Reality 100
asymmetrisches Machtverhältnis 125
Audit-Trail 106
Auflösen von Sprachbarrieren 108
Augmented Reality 99
Ausbildung im Gesundheitssektor 84
Ausstellungsraum
 virtueller 86
Avatar 2, 77

Entwicklung 107
Kategorisierung 77

B
Battle Royale 50
Beleuchtung
 lebensechte 96
Beratung
 virtuelle 81
Bildung im Metaverse 69
Bildungssektor 69
Biometriesystem 90
Bitkom-Studie 5
Blue Ocean 134
Blue-Ocean-Strategie 134
Brückentechnologie 134
Bühler Motor 67

C

Cloud-Infrastruktur 93
Connected Reality 66
Create-to-Earn 74
Creative 50
Crypto Wallets 116
  Arten 117
Cybersecurity 121

D

D2C2B-Konzept 140
D2C-Konzept 140
Dataverse 124
Daten
  personenbezogene 124
Datenschutz 124
Datenschutz-Grundverordnung 124
Dating 76
Decentraland 45
Deep Fakes 121
Dematerialisierung 78
dezentralisierte autonome
  Organisation 19
dezentralisiertes Ökosystem 30
Dezentralität 11
Digital Business Ecosystem 109
digitale Assets 47, 104, 113
  Verkauf 79
digitale Gesundheitsakte 83
digitale Identität 106, 120
digitaler Identitätsdiebstahl 120
digitaler Marktplatz 118
digitaler Zahlungsprozess 112
digitales Identitätsmanagement 120
digitales Ökosystem 109
digitale Währung 115
Digital Identity Theft 120

Digital Twin 65
Double-Spending-Problem 105
dreidimensionale Produkt-
  präsentation im virtuellen
  Raum 81
Dreidimensionalität 14
Dystopie 8

E

Echtheitszertifikat für digitale
  Objekte 113
Echtzeit 14
Einkaufsassistenz 81
Einkauf
  stationärer, Erweiterung 81
Einkaufswelt
  virtuelle 82
Einsatzfelder im Metaverse für
  Handelsunternehmen 81
Einstieg ins Metaverse 140
Elektronisches Wertpapiergesetz 7
Elektrosimulation 90
Enabler des Metaverse 114
Erlebniswelt
  virtuelle 74
Erweiterung des stationären Einkaufs
  um virtuelle Erlebnisse 81
Ethereum 45
Extended Reality 98

F

Fake News 122
Fake Video 121
Fashion Week 80
Fortnite 50
Freizeit im Metaverse 73

Stichwortverzeichnis   157

G

Game Engine 108
Gamification zur Verbesserung der Markenwahrnehmung 82
Gaming 73
Gaming-Produkt 80
Ganzkörperanzug 90
Gegenstand
    virtueller 47
Generational Readiness 6
Geräteunabhängigkeit 91
Geschäftsmodell 79
Gesundheit im Metaverse 83
Gesundheitsakte
    digitale 83

H

Handel mit digitalen Gütern 82
Handelsunternehmen
    Einsatzfelder im Metaverse 81
haptische Jacke 103
haptischer Anzug 103
haptischer Handschuh 103
haptisches Feedback 90
Hardware 88
Hardware Wallets 116, 117
Horizon Venues 43
Horizon Workrooms 41, 44
Horizon Worlds 41, 42
Hype Cycle for Emerging Tech 2022 28

I

Identität
    digitale 106, 120
Identitätsdiebstahl
    digitaler 120
Identitätsmanagement 120
    digitales 120
Immersion 10, 13, 102
immersives Lernerlebnis 70
Incentivierungssystem 58
Infrastruktur für das Metaverse 88
Ingame-Währung 51, 74
Inklusion 75
Innovation Trigger 28
Internet
    dezentrales 31
    Entwicklung 29
    semantisches 31
Interoperabilität 11, 17, 105
    datenbezogene 18
    hardwarespezifische 18
interoperables Metaverse 95
Interview Connected Reality 66
Interview phuturistic.Studio @ PwC Deutschland 62
Interview ThirdXeye 70
iPhone-Moment für das Metaverse 142

K

Kernkomponente der Monetarisierung 118
Kollaborationsplattform 62
Komponenten des Metaverse 57
Kreativumgebung
    virtuelle 61
Krypto-Währung 115
    Nachteile 116
    Vorteile 116
Kulturbereich 75
Künstliche Intelligenz 106

L

Latenz 15
lebensechte Beleuchtung 96
Lernen
   VR-basiertes 73
Lernerlebnis
   immersives 70

M

Machtverhältnis
   asymmetrisches 125
Made-to-Order 81
Markenwahrnehmung 82
Markets in Crypto-Assets 7
Marktplatz
   digitaler 118
Marktpotenzial des Metaverse 20
Mass Customization 81
McKinsey-Studie 3
Medienkompetenz 123
Meilensteine des Metaverse 34
Meta-Identität 18
Meta-Morphose 3
Meta Platform 2
Metaverse 8
   Charakteristika 10, 13
   Definition 8, 12
   Einsatzfelder für Handelsunternehmen 81
   Einstieg 140
   Enabler 114
   Freizeit 73
   Geschäftsmodelle 79
   Infrastruktur 88
   interoperables 95
   Komponenten, Vorhersagen 58
   Komponenten 57
   Marktpotenzial 20
   Monetarisierung 112
   Regulierung 119
   Technologie 98
   Treiber 6
Metaverse-Bank 112
Metaverse-Dating 77
Metaverse-Journey für das eigene Unternehmen 140
Metaverse-Ökonomie 114
Metaverse Standards Forum 95
Mikrotransaktion 51
Minecraft 51
Minecraft Frozen Worlds 51
Mitmach-Web 29
Mixed Reality 100
Monetarisierung
   innerhalb des Metaverse 112
   Kernkomponente 118
Monitoring
   Angebotsseite im Metaverse 135
   Nutzungsverhalten im Metaverse 136
Motion-Capture-System 90
Motion Sickness 102
Multi-Homing 110
Multi-User Dungeon 1 33

N

Near Field Communication 79
Netzwerke 93
Nevermets 76
NFT-Bekleidung 79
Non-Fungible Tokens 113
Normierung 95

O

Objekt
  digitales, Echtheitszertifikat 113
#Oceandetox 87
Ökosystem 58
  dezentralisiertes 30
  digitales 109
  Online Wallets 117

P

Paper Wallets 117
Peak of Inflated Expectations 28
Persistenz 11, 17
personenbezogene Daten 124
phuturistic.studio 62
Phygital Customer Experience 137
Phygital Events 79
Plateau of Productivity 28
Play-to-Earn 74
Prävention 84
Privatisierung des Rechts 125
Produktpräsentation
  dreidimensionale, im virtuellen Raum 81
Proto-Metaverse 16, 32
  Angebote 35
  Ausprägungen 35
  Geschichte 33
  Nutzerzahlen ausgewählter Angebote 41
  Stand der heute bereits aktiven Unternehmen und Organisationen 35
  Unternehmen 35
PwC Deutschland 62
PwC Virtual Spaces 63

Q

Quasi-Echtzeit 10, 15

R

Raytracing 96
Rechenleistung 94
Red Ocean 134
Regeln 125
  Vollstreckungsmechanismus 125
Regulierung im Metaverse 119
Rendering 17
Roblox 49
Rückverfolgbarkeit 106

S

Savespecies 86
Save the World 50
Second Life 33, 48
Self-Sovereign Identity 106
Shopping im Metaverse 78
Single-Homing 110
Skeumorphismus 61
Slope of Enlightenment 28
Smart Contracts 104
Snow Crash 1
soziales System 12, 19
Sprachbarriere
  Auflösung 108
Sprung-Digitalisierung 134
Sputnik-Moment für das Metaverse 142
Standards 95
Standards Developing Organisations 95
Stephenson, Neal 1
Storyliving 69

Studie der Universität der Bundeswehr München 4
Synchronität 11, 15
Synthetic Customer Experience 137

T

Technologie für das Metaverse 98
Telepräsenz 102
The Sandbox 47
ThirdXeye 70
TINA-Prinzip 125
Top-10 der Krypto-Währungen 115
Top-5-Aktivitäten der Privatpersonen im Metaverse 60
Top-5-Anwendungsfälle der Unternehmen im Metaverse 60
Treiber des Metaverse 6
Trough of Disillusionment 28

U

Umwelt im Metaverse 86

V

V-Bucks 51
Verkauf
 digitaler Assets 79
 physischer Objekte 79
Vernetzung 93
Vertragsfreiheit 125
Virtual Boyfriend 76
Virtual Girlfriend 76
Virtual Reality (VR) 99, 101
 Anwendungsfälle 101
 atomistische 102
 holistische 102

virtuelle Anprobe 82
virtuelle Beratung 81
virtuelle Business- und Kommunikationsplattform 63
virtuelle Einkaufswelt 82
virtuelle Erlebniswelt 74
virtuelle Kreativumgebung 61
virtueller Ausstellungsraum 86
virtueller Gegenstand 47
virtuelle Welt 13
VR-/AR-Headsets 92
VR-basiertes Lernen 73
VR-Brille
 für Konsole 89
 für PC 89
 Headsets für Smartphones 89
 Kategorien 89
 Standalone 89
VR-Soft-Skills-Kurs 73
VR-Trainings-App 84

W

Währung
 digitale 115
Walled Garden 42
Walled Metaverse 42
Web 1.0 29
Web 2.0 29, 32
Web 3.0 30–32
Weiterbildung im Gesundheitssektor 84
Welt
 virtuelle 13
Werbung im virtuellen Raum 81
WWF Deutschland 86

X

XR-Framework 99
XR-Studie 2022 109
XR-Technologie 68

Z

Zahlungsprozess
    digitaler 112
Zero Build 50
Zero Gravity Thinking 78
Zoom-Fatigue 134
Zuckerberg, Mark 2

The manufacturer's authorised representative in the EU is Springer Nature Customer Service Centre GmbH, Europaplatz 3, 69115 Heidelberg, Germany. If you have any concerns regarding our products, please contact ProductSafety@springernature.com

Printed and bound by CPI Group (UK) Ltd, Croydon, CR0 4YY
23/03/2026
02076750-0004